Alex J. Packer

Wie erziehe ich meine Eltern?

Das ultimative Handbuch für Jugendliche

Meinen eigenen Eltern,
die sich ganz nett entwickelt haben,
vielen Dank.

Alex J. Packer

Wie erziehe ich meine Eltern?

Das ultimative Handbuch für Jugendliche

Illustriert von Harry Pulver jun.

Übersetzung aus dem Amerikanischen
von Angelika Eisold-Viebig

SCHNEIDER BUCH

Die Deutsche Bibliothek – CIP-Einheitsaufnahme

Packer, Alex J.:
Wie erziehe ich meine Eltern? : Das ultimative Handbuch für Jugendliche / Alex J. Packer. Ill. von Harry Pulver jun. Übers. aus dem Amerikan. von Angelika Eisold-Viebig. – München : F. Schneider, 1995
Einheitssacht. : Bringing up parents <dt.>
ISBN 3-505-10161-3

Dieses Buch wurde auf chlorfreies, umweltfreundlich hergestelltes Papier gedruckt.

Originaltitel: BRINGING UP PARENTS

Illustrationen: Harry Pulver jun.
Titelfoto: Sabine Dürichen / Dominik Parzinger
Umschlaggestaltung: Claudia Wolfrath
Übersetzung aus dem Amerikanischen: Angelika Eisold-Viebig
Herstellung: Alfred Lahner
Satz: Hans Buchwieser GmbH, München
Druck und Bindung: Ludwig Auer GmbH, Donauwörth
ISBN 3-505-10161-3

Inhalt

Lies das zuerst!

Dieses geniale Buch verschafft dir völlig neue Einsichten und Fähigkeiten. Mit seiner Hilfe wirst du

- deine Freiheit erweitern.
- unabhängiger werden.
- bei Entscheidungen in der Familie mehr zu sagen haben und
- Probleme vermeiden.

Es sagt dir, wie du Eltern so erziehst, daß sie

- dir vertrauen.
- dich deine Fehler selbst in Ordnung bringen lassen.
- dir zuhören und deine Meinung respektieren und
- deine Gefühle akzeptieren.

Dieses Buch hilft dir zu entdecken,

- wie deine Eltern funktionieren.
- wie du „Eltern-Psychologie“ einsetzt, um zu bekommen, was du willst und brauchst.
- wie du Probleme löst und Streit vermeidest und
- was du tun kannst, wenn deine Eltern unvernünftig und unfair sind.

Dieses Buch bietet dir eine Riesenauswahl von Strategien. Wie es danach weitergeht, liegt an *dir*. Alles hängt allein von deiner Motivation, Kreativität, Flexibilität und deinem Einsatz ab. Wenn sich etwas verändern soll, wenn wahre Wunder geschehen sollen, dann bist du gefordert. Nur du kannst deine Familie so weit bringen, daß sie ihre Konflikte anders löst. Nur du kannst neue Ideen einbringen, um diese Konflikte erst gar nicht entstehen zu lassen.

Dieses Buch geht davon aus, daß deine Eltern sich etwas aus dir machen. Wahrscheinlich ist das so, und du weißt es auch. Oder wahrscheinlich ist das so, aber du denkst manchmal, es wäre nicht so (nach einem Streit oder nach einem kurzen, klaren NEIN!!!). Oder vielleicht bist du ihnen (traurigerweise) tatsächlich ziemlich egal. In diesem Fall könntest du (logischerweise) fragen: „Warum soll ich die Strategien aus diesem Buch überhaupt ausprobieren? Das ist doch reine Zeitverschwendung!" Und meine Antwort darauf wäre: „Nein, es ist keine Zeitverschwendung. Diese Strategien werden dir trotzdem helfen, in größerer Freiheit und Unabhängigkeit, mit mehr Einfluß und Selbstachtung erwachsen zu werden. Die Zeit, die du damit verbringst, mit anderen besser klarzukommen, ist gut angelegte Zeit. Das garantiere ich dir!"

Begriffe, Namen, Wörter

Die Begriffe, die ich benutze, wenn ich von den Erwachsenen spreche, mit denen du zusammenlebst, sollten idealerweise zu deiner besonderen Familiensituation passen. Wenn ich allerdings jedesmal sagen müßte: „Deine Eltern, oder deine Mutter, oder dein Vater, oder deine Stiefeltern, oder Mutter und Stiefvater, oder Vater und Freundin, oder Pflegemutter, oder ..." würde dieses Buch unsäglich dick werden, und bis du mit dem Lesen fertig wärst, hättest du wahrscheinlich schon selbst Kinder.

Deshalb werde ich aus rein zweckmäßigen Gründen das Wort „Eltern" als Begriff für alle Erwachsenen benutzen, mit denen du unter einem Dach lebst. Das heißt aber nicht, daß die Gedanken in diesem Buch nur für diejenigen brauchbar sind, die mit ihren biologischen Eltern zusammenleben. Nein, du kannst dieses Buch benutzen, egal, ob du mit einem, zwei, drei, oder mehreren Erwachsenen zusammenlebst, ob sie nun geschieden, wieder verheiratet, unverheiratet, schwul, lesbisch, zum zweiten Mal geschieden oder zum dritten Mal getrennt sind, oder ob du möglicherweise beim Freund der Tante des vierten Ehemanns deiner Mutter wohnst.

In diesem Buch geht es außerdem um Menschen, die so ungefähr zwischen zwölf und siebzehn Jahre alt sind. Unglücklicherweise scheint es kein passendes Wort für Leute in diesem Alterszeitraum zu geben. Wie würdest du sie denn nennen?

- „Menschen-zwischen-zwölf-und-siebzehn"? Klingt entsetzlich und ist außerdem viel zu lang.
- „Jugendliche"? Hört sich wie etwas an, was du nur mit einer Kneifzange anfaßt.
- „Kids"? Vorstellbar, aber manchen vielleicht zu amerikanisch.

- „Kinder"? Da denkt man doch gleich an aufgeschürfte Knie und laufende Nasen.
- „Jungen"? Hat den absoluten Nachteil, daß die Mädchen ausgeschlossen sind.
- „Mädchen"? Gleiches Problem wie oben, nur andersherum.
- „Teens"? Ebenfalls sehr amerikanisch und erinnert obendrein an Werbung für Klamotten.
- „Teenager"? Ein bißchen veraltet, aber ganz okay.

Ich denke, du verstehst, was ich meine. Ist es nicht bezeichnend, daß eine Gesellschaft, der es schwerfällt, mit Leuten deines Alters richtig umzugehen, nicht einmal ein passendes Wort für euch findet? Mir wird also wahrscheinlich nichts anderes übrigbleiben, als in diesem Buch so ziemlich alle obengenannten Begriffe zu verwenden. Soweit es mich betrifft, sind Jugendliche, Kids, Kinder, Jungen, Mädchen und Teenager alles wunderbare Menschen. Egal, welches Wort ich nun benutze, es soll immer meinen vollsten Respekt und meine besten Wünsche für diese besondere Zeit deines Lebens ausdrücken.

Eine „Einleitung", die ich so nicht nennen will, weil du sie sonst nicht liest

Ich weiß nicht, welche speziellen Probleme du mit deinen Eltern hast. Ich weiß nicht, ob gelegentliche Streitereien eine heftige Zuneigung unterbrechen, oder ob gelegentliche Zuneigung heftige Streitereien unterbricht. Ich weiß nicht, ob du deine Eltern magst und bewunderst, oder ob du sie nicht ausstehen kannst. Ich weiß nicht, ob sie zu streng oder zu nachgiebig sind, die berühmten Übereltern oder eher Untereltern. Ich weiß nicht, ob sie Langweiler, alternde Hippies, unerbittliche Tyrannen, wohlmeinende Stümper oder vielleicht einfach nur Leute sind, die ihre eigenen Probleme haben. Ich weiß auch nicht, wie du in das Bild paßt oder an welcher Stelle der Skala vom unschuldigen Opfer bis zum boshaften Monster du so stehst.

Allerdings weiß ich, daß es in der Natur des Heranwachsens und der Elternschaft liegt, daß Familienkonflikte entstehen. Diese Konflikte können Vertrauen und Zuneigung innnerhalb der Familie zerstören, wenn sie nicht sehr vorsichtig angegangen werden.

Ist es nicht erstaunlich – man braucht einen Ausweis zum Autofahren, ja sogar zum Fischen, doch um Mutter oder Vater zu werden, was weitaus schwieriger ist, da braucht man nichts vorzuweisen. Daß deine Eltern es geschafft haben, daß du zur Welt gekommen bist, heißt leider noch lange nicht, daß sie auch wissen, was sie nun tun müssen, nachdem du einmal hier bist.

Trotzdem nimmt komischerweise immer noch jeder an, daß Eltern alles am besten wissen, was die Familie angeht.

Du hast inzwischen sicherlich schon längst bemerkt, daß das ganz einfach nicht wahr ist. Eltern wissen höchst selten, wie Probleme zu lösen sind. Genauso selten gelingt es ihnen, Streit zu vermeiden und mit den Kindern respektvoll umzugehen. Wie oft gibt es zu Hause Krach! Ärger, verschiedene Meinungen und Mißtrauen – der kleinste Funken kann eine Explosion von Feindseligkeiten auslösen. Die Atmosphäre ist oft genug vergiftet mit Schimpfworten, Tränen und gegenseitigen Schuldzuweisungen.

Du willst wissen, weshalb das so sein ist? Es muß nicht so sein! Wenn deine Eltern aus irgendwelchen Gründen nicht die Initiative ergreifen, die Probleme in der Familie zu lösen, dann tu du es!

Leicht wird es sicher nicht. Während der kritischen Jahre zwischen zwölf und siebzehn die Eltern zu erziehen, ist eine schwierige, frustrierende und oft undankbare Aufgabe. Das ist die Zeit, in der Eltern launisch, kühl und zurückhaltend, fordernd oder selbstsüchtig sein können, denn sie befinden sich gerade in der Midlife-crisis – der Krise in der Lebensmitte. In dieser Zeit machen finanzielle Unsicherheit,

Furcht vor dem Altwerden, eheliche oder sexuelle Probleme, Streß in der Arbeit und sogar (ob du es glaubst oder nicht) die Verantwortung für Kinder und die ganze Familie die Eltern reizbar, widersprüchlich und unvernünftig.

In einem Augenblick überschütten sie dich mit Liebe, im nächsten darfst du sie nicht einmal ansprechen. In einem Augenblick hören sie überhaupt nicht zu, im nächsten wollen sie einfach ALLES wissen. In einem Augenblick heißt es JA, im nächsten NEIN.

Selbst der toleranteste und fürsorglichste Teenager mag versucht sein, das Handtuch zu schmeißen und aufzugeben. Tu es nicht! Mit Geduld, Humor und den Strategien aus diesem Buch kannst du dazu beitragen, daß deine Eltern deine Jugendjahre gut überstehen und jeder von euch etwas davon hat. Du wirst Eltern haben, die dich mögen und lieben, Eltern, die sagen …

„Ja."

„Natürlich."

„Aber sicher."

… anstelle von …

„Vergiß es."

„Auf keinen Fall."

„Geh auf dein Zimmer."

Um die Grundidee der Eltern-Erziehung leichter verdaulich zu machen, habe ich das Ganze in viele kleine Häppchen aufgeteilt. Jedes Häppchen, jede einzelne Technik, hat ihren eigenen Wert und kann sofort angewandt werden. Deshalb kannst du das Buch auch in jeder beliebigen Reihenfolge lesen und sofort davon profitieren.

Aber egal, welche Route du auf der Reise durch dieses Buch wählst, du solltest auf keinen Fall auch nur eine Station auslassen. Nur wenn du die einzelnen Taktiken wie ein Puzzle zusammensetzt, wenn du sie so verinnerlichst, daß sie selbstverständlich werden, wenn du aus Erfolgen und Fehlern lernst, nur dann wirst du ein wahrer Meister in der Kunst der Eltern-Erziehung.

1. KAPITEL

Eltern, die unbekannten Wesen

Eltern: Man kann nicht mit ihnen leben, aber auch nicht ohne sie

Eltern *(Homo sapiens nervtötiensis)*. Im gesamten Tierreich ist es kaum möglich, ein Wesen zu finden, das stolzer oder mächtiger ist und den Gegner stärker herausfordert als „das Elter“. Angehörige dieser Spezies wurden dabei beobachtet, wie sie folgendes Verhalten ihrem Nachwuchs gegenüber an den Tag legten, wobei sie eine Besorgnis um ihre Jungen zur Schau stellten, die schon fast lästig war:

- Sie drohen.
- Sie befehlen.
- Sie warnen.
- Sie kritisieren.
- Sie halten Vorträge.

„Entweder du räumst sofort dein Zimmer auf, oder …“

„Kannst du denn gar nichts richtig machen?“

„Wenn ich du wäre …“

„Als ich in deinem Alter war …“

„Wie kannst du so nachlässig sein?“

„Du tust, was ich dir gesagt habe.“

- Sie demütigen ihre Jungen.
- Sie meckern.
- Sie beschuldigen sie.
- Sie beschimpfen sie.

„Du benimmst dich wie ein Baby.“

„Wie kannst du nur so dumm sein?“

„Denkst du immer nur an dich?“

„Du wirst nie etwas erreichen, wenn du dich nicht mehr anstrengst.“

Sie erklären dir, warum du etwas nicht kannst, und nicht, wie du es könntest. Sie sagen dir, was du falsch machst, und nicht, was du richtig machst. Und all das geschieht natürlich nur aufgrund ihrer unergründlichen Liebe und Fürsorge.

„Nur zu deinem Besten."

„Weil wir uns Sorgen um dich machen."

„Weil wir deine Eltern sind und wissen, was gut für dich ist."

Manche von euch mögen denken, ich sei etwas zu streng mit den Eltern. Versteht mich nicht falsch, ich habe nichts gegen Eltern. Sogar unter meinen besten Freunden gibt es Eltern. Angeblich wurden manchmal sogar schon Eltern gesehen, die voller Spaß mit ihren Kindern spielten. Ich selbst habe schon diese seltenen Momente erlebt, in denen Eltern ihrem Nachwuchs gegenüber Liebe, Verständnis und Nachgiebigkeit zeigten.

Also, was erwartet ihr denn jetzt? Daß ich ein Buch darüber schreibe, wie du mit deinen Eltern auskommst, wenn alles bestens ist? Dieses Buch brauchst du genausowenig zu lesen, wie ich es schreiben muß.

Was du aber brauchst, ist Hilfe für die Zeiten, wenn eben nicht alles in Ordnung ist. Wenn Spannungen, Konflikte und Mißtrauen die gute Stimmung und auch die Selbstachtung jedes einzelnen in deiner Familie zu zerstören drohen.

Es ist schon komisch in den Familien: Oft sind die Konflikte um so größer, je stärker die Liebe ist und die Bindung aneinander. Und das ist so, weil dir der andere eben nicht gleichgültig ist. Denn was stört es dich schon, ob irgendein Idiot in der Schule sich darüber ausläßt, wie du gekleidet bist, oder ob dem Sportlehrer deine Haltung nicht paßt? Was soll's! Aber wenn jemand aus deiner eigenen Familie, deine Eltern, Brüder oder Schwestern, an dir rumkritisieren, dann macht es dir etwas aus. Du willst von ihnen geliebt und respektiert werden, und umgekehrt ist es bei ihnen genauso. Weil ihr euch mögt, streitet ihr, und dann gibt der Streit euch das Gefühl, daß ihr euch nicht mehr mögt.

Also wird sich diese liebevolle, nette Familie selbst fertigmachen, indem sie sich bis aufs Messer bekämpft. Ihr liebt euch zwar, aber ihr könnt euch nicht mehr leiden. Um genau zu sein: Ihr könnt euch nicht mehr ausstehen. Das ist der Punkt, den viele Familien erreicht haben. Das ist auch der Punkt, an dem viele Familien stehenbleiben – das heißt, bis es noch schlimmer wird.

Du allerdings bist dem Spiel schon einen Schritt voraus. Egal, welche Probleme du mit deinen Eltern hast, die Chancen, daß sich alles bessert, stehen gut. Warum? Weil du mit diesem Buch schon die Entscheidung getroffen hast, es besser machen zu wollen.

Die meisten Kids streiten, schimpfen und knallen die Türen, wenn sie zu Hause Probleme haben. Sie laufen weg, lügen, heulen oder versuchen sich mit Drogen oder Alkohol abzulenken. Es ist ihnen vielleicht nie in den Sinn gekommen, daß man das alles auch ändern könnte. Und wenn die Probleme und die Verletzungen dann immer größer werden, ziehen sie sich zurück, geben auf, hassen ihre Eltern und, ohne sich dessen bewußt zu werden, sich selbst.

Kein Wunder, daß sie sich ein Leben, das ANDERS und BESSER ist, kaum vorstellen können. Ein Leben in einem Zuhause, das zu 99,9 % spannungsfrei ist!!! Es ist sicher schwer, sich das vorzustellen, denn Kinder sind so erzogen worden, daß sie glauben, die Eltern müßten alle Probleme lösen. Also, was tust du dann, wenn die Leute, die die Probleme lösen sollten, das Problem selbst sind?

Hier kommst du ins Spiel. Wenn du die Art nicht magst, wie deine Eltern dich erziehen, dann mußt eben *du* sie erziehen. Du mußt ihnen beibringen, wie sie reifer, rücksichtsvoller und toleranter sein können. Das wird nicht leicht sein. Eltern wehren sich meistens ziemlich hartnäckig gegen eine Veränderung. Du mußt deinen eigenen Ansichten und Verhaltensweisen genausoviel Aufmerksamkeit schenken wie ihren. Aber das Vertrauen und die Freiheiten, die deine Eltern dir dann schenken, werden diese Mühe wert sein.

Warum ich so überzeugt bin, daß dir das alles gelingt? Da gibt es vier gute Gründe:

1. Du bist, wie die meisten jungen Leute, sehr sensibel, was die Gefühle und Bedürfnisse anderer betrifft. Diese Fähigkeit wirst du bestens einsetzen.
2. Viele Probleme sind nur deshalb so schlimm, weil sich niemand darum kümmert. Niemand sagt: „Heh, hier haben wir ein Problem, laßt es uns angehen.“ Du aber nimmst es in die Hand.
3. Du bist motiviert. Du liest dieses Buch und bist mutig genug, dir ein Ziel zu setzen. Egal, wie aussichtslos es erscheint, willst du deine Familie in eine neue Richtung lenken.
4. Die Tips in diesem Buch sind genial! Sie beziehen sich auf die Wirklichkeit, auf die menschliche Natur. Sie berücksichtigen die Seiten der Teenager ebenso wie die der Eltern. Sie respektieren die Bedürfnisse und Gefühle aller Familienmitglieder.

Natürlich könnte ich dir noch mehr über dieses Buch und die phantastischen Möglichkeiten, die es birgt, erzählen, aber jetzt laß es uns lieber direkt angehen. Wobei wir uns zuerst diese seltsamen Vögel genauer ansehen müssen, die dich unter ihren Fittichen haben: deine Eltern.

Diese seltsamen Vögel – genannt Eltern

Du weißt schon, das sind diese Wesen, die anscheinend auch im Hinterkopf Augen haben und in der Lage sind, Gedanken zu lesen. Damit du sie erziehen kannst, mußt du soviel wie möglich über sie in Erfahrung bringen. Du mußt ihre Gewohnheiten kennen, ihre Gefühle und ihre Ansichten. Du mußt wissen, wie sie dich, sich selbst und ihre Rolle als Eltern sehen.

Normalerweise wünschen sich deine Eltern, daß du glücklich, gesund, gescheit, reif, verantwortungsbewußt, sportlich, ordentlich, hübsch, erfolgreich, kreativ, ehrlich, gut erzogen und bei deinen Freunden anerkannt bist. Ist das alles? Nein, ist es nicht. Denn wenn deine Eltern – so wie es die meisten tun – außerdem von dir erwarten, daß du überdurchschnittliche Leistungen erbringst, dann werden die oben genannten bescheidenen Erwartungen nur noch gesteigert. Du hast lauter Einsen? Wenn du so gescheit bist, dann solltest du auch ein Stipendium gewinnen können. Du bist sportlich? Nun, wieso bewirbst du dich dann nicht für den Olympia-Nachwuchs?

Eltern versteifen sich oft so sehr darauf, was sie selbst für ihr Kind wollen, daß sie darüber nicht mehr erkennen, wie oder wer ihr Kind eigentlich in Wirklichkeit ist.

Weshalb sie dich nicht so akzeptieren können, wie du bist? Dummerweise meinen viele Eltern, sie hätten ihre Sache dann gut gemacht, wenn sie die „Mängel“ in ihren Kindern erkennen und ausmerzen. Und so entsteht statt einer liebevollen, ausgeglichenen Beziehung zwischen zwei ebenbürtigen Partnern (auch wenn der eine mehr Erfahrung hat als der andere) eine Beziehung, in der die Eltern die Bestimmenden und das Kind der Untergebene ist.

Wenn sich diese Rollen erst einmal eingespielt haben, verlierst du leicht deine Persönlichkeit. Du kommst dir vor wie eine Puppe, die nach bestimmten Vorstellungen gekleidet und gekämmt wird. Du weißt selbst nicht mehr, was du denken sollst, bist hin und her gerissen zwischen den Erwartungen deiner Eltern und deinem wahren Selbst. Plötzlich bist du nur noch Sohn oder Tochter, eine Investition, eine Wunschvorstellung, ein Spiegel, ein Traum. Du bist Eigentum, „mein Kind“, etwas, was jemand anderem gehört. Du bist alles, nur nicht du selbst.

Deine Eltern tun aus Liebe und Besorgnis heraus, was sie für das Beste halten, und doch fühlst du dich von ihnen angegriffen, mißverstanden und ungeliebt. Sie kümmern sich ständig um deine Fehler,

wollen dich verbessern und geben dir damit das Gefühl, ein Versager zu sein.

Du wirst wütend und verteidigst dich. Du willst zurückschlagen. Wie kannst du sie akzeptieren, wenn sie dich nicht akzeptieren? Und schon dreht sich alles in einem Teufelskreis. Je mehr deine Eltern an dir herummeckern und schimpfen, desto mehr wirst du sie ärgern und sie zurückweisen. Je mehr du sie ärgerst und zurückweist, desto mehr meckern und schimpfen sie. Es ist inzwischen schon egal, wer damit angefangen hat.

Diesen Teufelskreis mußt du durchbrechen, damit deine Eltern zu rücksichtsvollen, vernünftigen Partnern werden. Mehr darüber später, denn zuerst wollen wir die Schutzschichten entfernen, die deine Eltern umgeben, und herausfinden, was darunter liegt. Was denken und fühlen sie eigentlich? Ob du es glaubst oder nicht (und bestimmt hörst du das nicht so gerne), deine Eltern denken und fühlen in vielem das gleiche wie du.

Das versteckte Innenleben deiner Eltern

Deine Eltern, die anscheinend all die Macht, das Geld und die Unabhängigkeit besitzen, können sehr wohl auch das Gefühl haben, von dir nicht genug geliebt oder geschätzt zu werden. Sie sehen sich selbst als diejenigen, die für dich mehr getan haben als sonst jemand. Sie sind mitten in der Nacht aufgestanden, um dich zu füttern und zu trösten; sie haben viele ihrer Pläne und Vorhaben um deinetwillen aufgegeben. Das gibt ihnen das Gefühl, daß du ihnen Gehorsam und Dankbarkeit schuldest.

Wenn sie das von dir nicht bekommen, sind sie verletzt. Sie denken, daß sie in deinen Augen gar nichts richtig machen können. Daß du sie schon abgeschrieben hast, weil du meinst, sie wären nicht mehr auf der Höhe der Zeit, engstirnig, materialistisch und übermäßig besorgt um die Meinung der anderen Leute. Daß du nicht mit ihnen gesehen werden möchtest und daß es dir nicht paßt, wie sie Auto fahren, was sie anziehen oder was ihnen wichtig erscheint. Und weil der berühmte Teufelskreis der gegenseitigen Kritik in eurer Familie bereits in Gang gekommen ist, läßt du keine Gelegenheit aus, sie deine Geringschätzung spüren zu lassen.

Sie fühlen sich angegriffen, ignoriert, mißverstanden und gekränkt. Sie denken, daß du alles als zu selbstverständlich betrachtest: Sie sind

gerade gut genug, dich mit Geld und Essen zu versorgen, das Haus sauberzuhalten, deinen Chauffeur zu spielen, dich zu beschützen und dir etwas beizubringen. Sie fühlen sich in die „Eltern-Rolle“ gedrängt und in dieser Rolle von dir nicht als gleichwertig angesehen. Sie glauben, daß sie ihren Kindern nichts bedeuten und daß diese Kinder ihnen nicht einmal die Höflichkeiten entgegenbringen, die völlig Fremde selbstverständlich erhalten.

„Alles Quatsch!“ sagst du vielleicht. „Wenn sie so was denken, sind sie selbst schuld. Was erwarten sie denn? Wenn sie mich in Ruhe lassen, laß ich sie auch in Ruhe.“

„Außerdem“, wirfst du vielleicht noch ein, „warum soll ich sie denn gut behandeln, wenn sie mich nicht gut behandeln?“

Das ist eine durchaus vernünftige Frage. Der Punkt ist nur, daß ein Kreislauf von gewissem Verhalten bereits in Gang gesetzt wurde. Wir haben festgestellt, daß deine Eltern nichts unternommen haben oder nichts unternehmen werden, um diesen Kreislauf zu unterbrechen. Also bleibst nur du übrig. Jemand muß bereit sein, den Versuch zu starten, einige neue, gewagte Taktiken anzuwenden. Jemand muß stark, schlau und abenteuerlustig sein. Klar, du kannst genausogut nichts tun, du kannst die ganze Schuld auf deine Eltern abwälzen. Aber dann wird dein Leben ziemlich mies verlaufen. Du bekommst weder den Respekt, noch die Freiheit oder die Unterstützung, die du verdienst.

Dein Ziel muß sein, das Verhalten deiner Eltern dir gegenüber zu ändern. Das Problem ist nur, du kannst das Verhalten von jemand anderem nicht einfach so ändern. Deine Eltern haben das, weiß Gott, bei dir lange genug versucht, und du weißt ja, wie weit sie damit gekommen sind! Du kannst deine Eltern ebensowenig zu bestimmten Verhaltensweisen zwingen, wie sie dich. Allerdings kannst du dich so verhalten, daß ihr ungerechtes Verhalten dir gegenüber überflüssig wird. Und schon hast du erreicht, daß sie sich ändern.

Das heißt natürlich nicht, daß du zu einem Streber und Ja-Sager werden sollst: „Aber natürlich, Vater“, „vielen Dank, liebe Mutter“, „liebend gern schrubbe ich den Küchenfußboden und putze die Toilette.“ Es heißt lediglich, daß du die Dinge in die Hand nimmst. Du machst den ersten Schritt und wirst ein Vorbild für deine Eltern. Wie sonst sollen sie etwas lernen?

Du verhältst dich anders, um deine eigenen Bedürfnisse zu befriedigen, für dein eigenes Glück, deine Freiheit und deine Rechte. Und

deine Eltern werden ebenfalls zufriedener sein. Wenn deine Wut auf sie allerdings so groß ist, daß du den Gedanken absolut nicht erträgst, daß auch sie davon profitieren, nun, dann kann ich nicht viel für dich tun. In diesem Fall schlage ich vor, du tauschst dieses Buch um oder klemmst damit ein Fenster fest oder legst es unter ein zu kurzes Tischbein. Wenn du aber bereit bist, die Vorteile mit ihnen zu teilen, dann durchbrichst du die Verhaltens- und Denkmuster, die so viel Streit verursachen.

Einen Kreislauf unterbrechen. Es ist wie damals, als du noch klein warst. Kannst du dich noch erinnern, wie es war, wenn jemand dir etwas weggenommen hat und es nicht zurückgeben wollte? Du schlaues Kind hast ihm dann sofort auch etwas weggenommen.

„Gib es mir zurück!"

„Du gibst mir meines, und ich geb dir deines."

„Nein. Ich glaub dir nicht. Gib du mir meines zuerst, und dann gebe ich dir deines."

„Ich bin doch nicht blöde."

Ihr wart beide an diesem Punkt steckengeblieben, in diesem Kreislauf von Mißtrauen gefangen. Niemand wollte den ersten Schritt tun. Also, was machst du? Aufgeben? Dich von deinen Sachen verabschieden? Nicht, wenn sie dir wichtig sind.

Du hast zwei Möglichkeiten: Entweder bleibst du in dieser Sackgasse stecken (wo jeder ein Verlierer ist), oder du machst den Versuch, den Kreislauf zu unterbrechen. Dabei gibst du dem anderen sein Eigentum zurück und hoffst, daß dein Mut und dein Vertrauen belohnt werden. Du tust das nicht, um „nett" zu sein, du tust es in deinem eigenen Interesse, damit du das bekommst, was dir gehört. Natürlich gehst du ein Risiko ein, und vielleicht geht es auch schief. Aber was hast du zu verlieren? Du wirst auf keinen Fall schlechter dran sein, als du es vorher warst.

Genauso ist es in deiner Familie. Was hast du denn zu verlieren, wenn du die Sache in die Hand nimmst? Es gibt bereits genug Streit und Mißtrauen. Die Chancen stehen gut, daß das Leben nur besser werden kann. Und es *wird* besser werden, wenn du den Teufelskreis unterbrichst und einen neuen, positiven Kreislauf in Gang setzt. Deshalb sehen wir uns jetzt deine alten Herrschaften zu Hause noch mal etwas näher an.

14 + 40 = Eine Rechnung, die selten aufgeht

Es gibt viele Gründe, warum Eltern und ihre Sprößlinge miteinander streiten, die nichts mit den Personen selbst zu tun haben, sondern nur damit, daß sie eben 14 und 40 sind.

Viele Kids nehmen an, daß es absolut cool ist, eine erwachsene Person zu sein (zumindest so lange, bis sie es selbst sind). Da ist dieser magische Moment, so geht die Legende, in dem du plötzlich *erwachsen* bist, gereift und dir deiner Bedürfnisse und Gefühle voll bewußt. Die Zweifel, die Ängste und das Verwirrtsein der Jugend verschwinden. Du bist selbstbewußt. Du weißt, wer du bist, was du vom Leben willst und wohin du gehst.

Nun, das ist falsch. Während Erwachsene sicher ihre Momente haben, in denen sie gelassen und ausgeglichen sind (genau wie du), gibt es auch Zeiten, in denen sie von Ängsten, Schmerz und Problemen geplagt sind. Und das geschieht, einer grausamen Schicksalswendung zufolge, oft genau in der Zeit, in der aus ihren Kindern Teenager werden.

Diese Phase, diese Midlife-crisis, ist in vielem den Schwierigkeiten der Heranwachsenden ähnlich. Es ist eine Zeit, in der deine Eltern ihr Leben, ihre Träume, ihre Beziehungen und ihre Werte überprüfen, in der Karriere und Ehe oft unter Druck geraten und neue Rollen und Ziele gesucht werden. Das bewirkt bei deinen Eltern nicht gerade mehr Verständnis für dich, denn Gegensätze ziehen sich an und Ähnlichkeiten stoßen sich ab. Das heißt also, *weil* du und deine Eltern bestimmte Gefühle und Verletzlichkeiten teilen, geht ihr euch auf die Nerven.

Allein die Tatsache, daß du ein Teenager bist, kann deine Eltern in dieser Phase ihres Lebens schmerzlich treffen. Die Blüte deiner Jugend ist für sie der Spiegel ihres fortschreitenden Alters. Das Ausmaß, in welchem sie bestimmte frühere Entscheidungen bedauern, ist das Ausmaß, in welchem sie möglicherweise deine Entscheidungen jetzt kontrollieren. Wie sehr sie auf dir herumhacken, mag zeigen, wie sehr sie auf dich und dein Leben als Teenager eifersüchtig sind.

> ***„Auf mich eifersüchtig? Sie haben doch alle Freiheiten! Niemand sagt ihnen, was sie tun sollen. Worauf sollten sie denn eifersüchtig sein?"***

Nun, sie sind vielleicht auf deine Jugend eifersüchtig. Und daß dir noch alle Möglichkeiten in deinem Leben offenstehen. Deine Eltern je-

doch haben viele ihrer Entscheidungen bereits getroffen. Ein ganz neues Leben zu beginnen ist schwierig für sie oder unmöglich.

Oder sie sind auf deine Träume eifersüchtig. Natürlich hoffe ich, daß alle Träume deiner Eltern wahr geworden sind, doch es ist wahrscheinlicher, daß die Realität des Lebens und die kalte, grausame Wirklichkeit sie dazu gebracht haben, viele ihrer Hoffnungen zu begraben. Dein Vater weiß mittlerweile, daß er wohl kaum jemals Direktor seiner Firma oder etwa Stürmer der Nationalelf sein wird. Deine Mutter sieht die Jahre vergehen und mit ihnen ihren Traum, sich als Konzertpianistin oder als Chefärztin am Krankenhaus zu verwirklichen. Deine Eltern mögen immer noch glücklich und zufrieden sein, aber es könnte ein kleiner Seufzer sehnsuchtsvollen Neids (wenn nicht sogar ein zorniges Schnauben) zu vernehmen sein, wenn sie von deinen großen und sich ständig ändernden Plänen hören.

Vielleicht sind sie auch auf dein jugendliches Aussehen und deinen Körper eifersüchtig. Obwohl Paps regelmäßig joggen geht, wird sein Bauch immer dicker, und sein Haar ist auch nicht mehr das, was es einmal war. Du dagegen bist schlank und straff, dein Bauch, dessen Härte dem des Felsens von Gibraltar gleicht, erinnert ihn spöttisch an seine etwas nachgebende Götterfigur. Du schlägst ihn beim Tennis und betrachtest die keuchenden Bemühungen auf seiner Seite des Netzes mit wenig Mitgefühl. Währenddessen bekommt Mama immer mehr Falten, die ersten grauen Haare wagen sich hervor, und es scheint, daß sie immer mehr zunimmt, je weniger sie ißt. Während Mama es immer schwieriger findet, in Kleidergröße 42 zu passen, siehst du trotz Pizza und Pommes in deinem Badeanzug und den kurzen Hosen hinreißend aus.

Selbst die wechselnden Leidenschaften deiner ersten romantischen Begegnungen können Eltern eifersüchtig machen. Es ist so viel Zeit vergangen, daß sie meistens vergessen haben, daß das Glück der ersten Liebe eng mit Angst, Verwirrung und Schmerzen verbunden ist. Vielleicht sehnen sie sich von ihrem sicheren mittleren Alter aus danach, noch einmal diese Jahre voller Romantik und sexueller Entdeckungen erleben zu dürfen – Dinge, die du noch vor dir hast und die sie nie mehr haben werden.

Es gibt noch mehr in deinem Leben, was deine Eltern eifersüchtig machen kann. Wie steht es mit deinen Freunden und deiner Unabhängigkeit, im Vergleich zu dem, was sie in deinem Alter hatten? Mit deinen Freiheiten?

Du denkst wahrscheinlich, daß du keine Freiheiten hast – daß deine Eltern dich überhaupt nichts tun lassen. Und du hast vielleicht recht. Aber es ist eine andere Art von Freiheit, um die dich deine Eltern beneiden. Es ist die Freiheit, nicht ständig Verantwortung tragen zu müssen, und die Freiheit, daß andere Menschen nicht von dir abhängig sind. Es ist die Freiheit, Spaß zu haben, wild und sorglos zu sein, herumzuhängen, Musik zu hören und mit Freunden zusammenzusein.

Ich weiß, ich weiß – so siehst du dein Leben nicht. Du siehst Pflichten und Vorschriften, und du mußt viele Dinge tun, die du lieber nicht tun würdest. Das ist alles völlig richtig, und ich will dir da auch gar nicht widersprechen. Aber ich versuche zu beschreiben, wie sich deine Eltern fühlen mögen, unabhängig davon, ob ihre Gefühle deiner Meinung nach gerechtfertigt sind.

Wahrscheinlich ist die Eifersucht deiner Eltern gar nicht so richtig zu erkennen. Deine Eltern wissen vielleicht sogar selbst nichts davon. Aber *wenn* sie eifersüchtig sind, dann ist das garantiert mit eine Ursache für viele Familienstreitigkeiten.

„Meine Freiheiten????!!!! Sie lassen mich doch gar nichts machen!"

Es gibt noch andere Dinge im Leben deiner Eltern, die Auswirkungen auf dich haben. Ich bin sicher, du kennst das alte „Mama-muß-einen-schlechten-Tag-im-Büro-gehabt-haben“-Phänomen. Kaum hat sie das Haus betreten und ist über dein Skateboard gefallen, laßt sie schon einen Schwall von Beschimpfungen auf dich los. Dir ist völlig klar, daß sie ihren Frust an deiner unschuldigen, aber praktischerweise verfügbaren Person ausläßt. Vielleicht kannst du einfach tolerant sein. Wenn *du* allerdings auch einen schlechten Tag hattest ... Dann paß bloß auf!

Außer ihren schlechten Tagen haben Eltern noch jede Menge Sorgen, Druck und Krisen. Obwohl sie versuchen, Stärke und Sicherheit auszustrahlen, machen sie sich oft genug Sorgen über ihren Job, über Freunde, Kinder, Gesundheit, Geld, Ehe und Verwandte.

Du hast deine Schulbücher in der U-Bahn liegengelassen – macht 70 Mark, sie zu ersetzen. Das Auto ist zusammengebrochen – 2000 Märker für die Reparatur. Dein Mantel ist geklaut worden – 160 Mark für einen neuen. Die Aktienkurse fallen, die Ersparnisse sind aufgebraucht, und das Pfandgeld für die Flaschen reicht sicher nicht aus. Die Firma entläßt einige Angestellte, dein Vater bekommt ein Magengeschwür. Die Nachbarn meckern über den Hund. Deine Eltern streiten mehr miteinander als früher, und deine Großeltern gehen ihnen auch noch auf die Nerven (und du weißt, wie sehr Eltern ihren Kindern auf die Nerven gehen können!).

In der Zwischenzeit helfen ihnen die Streitereien mit euch Kindern ganz und gar nicht weiter. Deine Eltern fühlen sich eingesperrt, überlastet und kommen sich vor wie im Wettlauf zwischen Hase und Igel, wobei sie nie am Ziel ankommen. Kein Wunder, daß Freiheit und Verantwortung für sie heiße Themen sind. Es ist alles nicht so einfach, aber wenn du sie erziehen willst, solltest du wissen, wie du mit diesen Gefühlen am besten umgehst.

Große Erwartungen

Ich habe noch keine Eltern kennengelernt, die nicht große Erwartungen in ihre Kinder gesetzt hätten. Ich meine damit nicht die Art von Erwartung wie: „Wir erwarten, daß du um sechs Uhr zu Hause bist“, und auch nicht kleine Sticheleien wie: „Wir erwarten mehr von dir, junge Dame.“ Nein, ich spreche von jenen Erwartungen, die nichts mit dem zu tun haben, wer du tatsächlich bist, und alles damit, wie deine

Eltern dich haben wollen. Das sind Erwartungen, die ein Bild von einem Kind darstellen, *ihrem* Kind, *ihrem* perfekten, idealisierten Spiegelbild-der-elterlichen-Interessen-Kind. Diese Erwartungen sind nur natürlich, sie sind praktisch unvermeidbar und außergewöhnlich gefährlich.

Jeder von uns (ja, du auch) hat Vorstellungen davon, wie wir andere Leute haben möchten, besonders Leute, die uns wichtig sind. Diese Vorstellungen gründen sich darauf, wer wir sind oder nicht sind oder wie wir gern sein möchten.

Wenn dein Vater in deinem Alter ein guter Sportler war, ist er vielleicht sehr enttäuscht, wenn du es nicht bist. Wenn er in der Schule eine ziemliche Null war, nicht einmal halb so beliebt wie die schlimmste Nervensäge in deiner Klasse, dann hofft er vielleicht, daß du Klassensprecher wirst. Andererseits, wenn du beliebt bist, könnte genau dies ihm Schwierigkeiten machen. Plötzlich taucht diese alte, tiefe Eifersucht aus seiner Jugendzeit auf, und unbewußt sabotiert er deine Beliebtheit und deinen Erfolg.

Viele Eltern erleben mit ihren Kindern ihre eigene Kindheit noch einmal. Es ist wie eine Wiederholung, und sie möchten, daß auch du die Fähigkeiten hast, die ihnen in ihrer Schulzeit Erfolg und Spaß brachten. Oder sie wünschen sich, daß du die Fähigkeiten und Eigenschaften hast, die sie nicht hatten, aber immer haben wollten. Na, kein Wunder, daß überall Erwartungen auf dich lauern! Sie kommen aus der Vergangenheit, der Gegenwart und der Zukunft!

Diese Erwartungen haben kaum etwas damit zu tun, wer du bist, aber viel mit dem, wer deine Eltern sind. Deshalb können Erwartungen so viel Schaden anrichten. Sie wurzeln mehr in der Phantasie als in der Realität, und um dich so zu formen, wie es ihrer Vorstellung von ihrem Kind entspricht, müssen deine Eltern ständig an dir herummachen und dich kritisieren, sobald du nicht in das Bild paßt. Diese Erwartungen sind etwa so, als wollte man einen quadratischen Keil in ein rundes Loch pressen. Du bist derjenige, der dann die Macken abbekommt.

Denk an all den Zoff, den du ständig hast, wenn dein Aussehen, deine Sprache, deine Interessen, Freunde, Kleidung, Taten und Werte nicht den Vorstellungen deiner Eltern entsprechen. Das liegt daran, weil ihre Erwartungen alle eine negative Grundlage haben. So, wie du bist, ist es ihnen nicht gut genug.

Erwartungen, die jedoch auf *Akzeptanz* beruhen, sind etwas ganz anderes. Sie sind positiv und hilfreich. Sie beruhen auf einem Glauben

an deine Fähigkeiten, Vertrauen in dein Urteilsvermögen, deine Stärken und deine Ausdauer. Sie sagen dir: „Wir stehen hinter dir, wir vertrauen dir, denn wir wissen, du tust, was du kannst." Diese Erwartungen akzeptieren deine Individualität genauso wie die verständlichen Wünsche deiner Eltern, daß du glücklich und erfolgreich bist.

Mit der Zeit wirst du deine Eltern dazu bringen, statt ablehnende nur noch positive Erwartungen in dich zu setzen. Bleib dran!

Ich will, ich will – oder: Wer muß was?

Deine Eltern wissen, daß du ebenfalls Erwartungen ihnen gegenüber hast. Du erwartest, daß sie für dich da sind, dich versorgen, einkaufen, kochen, Zeit haben.

Auch diese Erwartungen richten Schaden an, wenn sie sich auf Rollen beziehen, statt auf Menschen.

Deine Eltern haben das Gefühl, du erwartest von ihnen, daß sie immer nur geben und geben. Schließlich ist das ja ihr Job als Eltern. Ich bin sicher, du kennst diesen üblichen Ausspruch deiner Eltern:

> ***„Ich will, ich will, ich will, das ist alles, was ich zu hören bekomme. Ich will dies, ich will das. Was glaubst du denn, was ich bin, ein Goldesel? Ich habe es gründlich satt. Ich habe auch nur zwei Hände, und du hilfst mir überhaupt nicht. Du bist verwöhnt und selbstsüchtig und weißt gar nicht, wie gut es dir eigentlich geht!"***

Deine Eltern haben das Gefühl, daß du alles einfach so selbstverständlich hinnimmst und daß sie eine Rolle spielen sollen – die Rolle der perfekten Eltern. Und natürlich stellst du Forderungen an sie, das kann gar nicht anders sein. Die Gesellschaft gesteht Leuten deines Alters nicht sehr viel Verantwortung zu. Du bist gezwungen, abhängig zu sein. Du ärgerst dich darüber, und deine Eltern ärgern sich auch, besonders, wenn sie das Gefühl haben, daß du die Dinge, die sie für dich tun, als selbstverständlich ansiehst. Du befindest dich in der Zwickmühle. Du bist abhängig, und für diese Abhängigkeit wirst du auch noch bestraft.

Wenn es erlaubt wäre, daß du mit 14 Jahren bereits Auto fahren dürftest, müßtest du nicht immer deine Eltern bitten, dich irgendwohin zu fahren. Aber so ist es leider nicht. Wenn die Busse auch nachts fahren würden, könntest du den Bus nehmen. Aber so ist es leider auch

nicht. Also sitzt du entweder zu Hause fest, oder es heißt: „Mama, kannst du mich fahren ...“ und „Papa, holst du mich heute nacht ab ...“

Das gleiche gilt für Geld. Zwischen Schule, Sport, Pflichten, Hausaufgaben und all den anderen Dingen, die du tun sollst, bleibt nicht viel Zeit für einen Job übrig. Und selbst wenn du die Zeit hättest, es gibt nicht viele Jobs für Vierzehnjährige. Also bist du allein auf dein mageres Taschengeld angewiesen und auf die paar Kröten vom Babysitten bei der Nachbarin und mußt ständig deine Eltern um etwas Kleingeld bitten.

Selbst wenn deine Eltern durchaus einsehen, daß sie nun mal Chauffeur, Koch und Bank für dich sein müssen, wird es Zeiten geben, in denen sie das Gefühl haben, daß sie von dir ausgequetscht werden wie eine Zitrone. Das sieht dann etwa so aus:

„Papa, ich muß zur Tanzprobe. Kannst du mich fahren?“

Papa ist gerade von der Arbeit nach Hause gekommen, ist vorher noch in strömendem Regen und in der Stoßzeit beim Supermarkt vorbeigefahren.

„Aber es ist Dienstag. Ich dachte, du hättest immer am Mittwoch Tanzen.“

„Stimmt auch, aber diese Woche haben sie es verschoben.“

„Na ja, ich weiß nicht. Dein Bruder hat einen Freund hier zu Besuch, und ich kann sie nicht allein lassen.“

„Aber Papa, ich muß dahin, und ich bin spät dran.“

Dein Papa hat das Gefühl, daß alle an ihm herumzerren. Tagaus, tagein. Und genauso geht es deiner Mutter.

„Mama, ich brauche zehn Mark für einen Schulausflug.“

„Mama, ich brauche neue Turnschuhe.“

„Mama, kann Sally heute nacht bei mir schlafen?“

„Mama, ich muß morgen Kuchen in die Schule mitbringen. Kannst du mir helfen, einen zu backen?“

„Mama, am Freitag macht Ricky eine Party. Ich brauch was zum Anziehen.“

„Mama, der Skiclub hat dieses Jahr ein Wahnsinnsangebot. Es kostet nur fünfhundert Mark. Darf ich mitfahren? Bitte! Ja? Ich zahl dir die Hälfte zurück, wenn du es mir leihst, okay? Bitte!“

„Mama, kannst du mir mal kurz bei den Mathe-Hausaufgaben helfen?"

„Igitt! Warum gibt es denn schon wieder Auflauf? Das haben wir doch erst gestern gehabt."

Arme Mama. Sie ist müde, überarbeitet, und sie hat sich schon seit Ewigkeiten nichts Neues zum Anziehen gekauft. Ihre Gehaltserhöhung ist nicht bewilligt worden, weil die Löhne eingefroren wurden, ihre Mutter möchte wissen, warum sie sie nicht öfter besucht, und dein Vater hat ihr gerade mitgeteilt, daß er für morgen zwölf Leute zum Essen eingeladen hat. Es scheint, als ob sie nur noch eines hört:

„Ich will, ich will, ich will. Ich brauche, ich muß, du mußt, kann ich, warum nicht, bitte, ich muß aber, das ist nicht gerecht!"

Deine Eltern machen sauber, haben einen Job, kaufen ein, kümmern sich, reparieren, lösen Probleme, aber es scheint, als ob es nie genüge. Nur ein Mal, für 24 Stunden, möchten sie verschwinden. Keine Verantwortung, keine Kinder, keine Forderungen, keine Kämpfe, keine Tränen, nichts. Sie sind in der Elternfalle gefangen, und eine Menge ihrer eigenen Bedürfnisse werden überhaupt nicht befriedigt. Sie lieben euch Kinder wirklich, aber manchmal ist es einfach ... zu viel ...

ZU VIEL!

Eltern tun gern etwas für ihre Kinder. Sie möchten sich nur nicht ständig dazu verpflichtet fühlen. Sie möchten zu spüren bekommen, daß ihre Bemühungen anerkannt werden (obwohl sie natürlich die moralische und gesetzliche Verpflichtung haben, für ihre Kinder zu sorgen). Kindern, denen man ja keine andere Wahl läßt, als von ihren Eltern abhängig zu sein, fällt es schwer, Dankbarkeit auszudrücken für Dinge, die sie gar nicht für sich selbst tun dürfen (schließlich haben sie ja nicht darum gebeten, in die Welt gesetzt zu werden, oder?). Schon wieder ist ein negativer Kreislauf in Gang gesetzt. Die Eltern lehnen es ab, „etwas zu müssen", und die Kinder lehnen es ab, „etwas tun lassen zu müssen".

In diesem Teufelskreis können sowohl Eltern als auch Kinder nur verlieren. An einer späteren Stelle in diesem Buch wirst du darüber lesen, wie du damit umgehen und solche negativen Gefühle vermeiden oder entschärfen kannst. Im Augenblick laß uns jedoch erst einmal einen weiteren Blick auf die Spezies Eltern werfen, um zu sehen, warum sie eigentlich dauernd Konflikte verursachen müssen.

Die ewigen elterlichen Sorgen

Es gehört zur elterlichen Rolle, sich Sorgen zu machen. Eltern tun das aus zwei Gründen:

1. Sie erinnern sich nicht mehr daran, wie sie als Teenager waren, oder
2. sie erinnern sich nur zu gut daran, wie sie als Teenager waren.

Was auch zutreffen mag, ihre Sorgen tun weder ihnen noch dir gut. Sie sind sauer auf dich, weil du ihnen so viele Sorgen machst, und du bist sauer auf sie, weil sie so wenig Vertrauen zu dir haben. Obwohl elterliche Sorgen durchaus gut gemeint sind, nützen sie niemandem. Sie lösen die Probleme nicht, und sie sagen dem Kind: „Du bist unzulänglich" und „Wir vertrauen deinem Urteil oder deinen Fähigkeiten nicht." Deshalb werden Kinder so wütend, wenn Eltern sie mit ihrer Besorgnis überhäufen.

„Sei vorsichtig", warnt dich deine Mutter, als du am Rande der Klippen entlangläufst.

„Was glaubst du denn, was ich bin? Zu blöde, um richtig laufen zu können?"

„Sei vorsichtig", warnt dich deine beste Freundin, als du am Rande der Klippen entlangläufst.

Und du freust dich über diesen Beweis von Liebe und Fürsorge.

Schon schwierig, das Ganze!

Der große Unterschied

Manchmal hat es den Anschein, als ob deine Eltern die größten Heuchler aller Zeiten wären. Dein Vater, der pro Tag zwei Packungen Zigaretten raucht, hätte dich fast umgebracht, als du dir mal ein bißchen Kautabak gekauft hast. Deine Mutter, die jeden Abend drei Martinis

Die Wirtschaftslage ist verheerend.

Terrorismus überall auf der Welt.

Hunger und Armut steigen an.

Atomkatastrophen bedrohen uns.

Die Schwangerschaftsrate unter Teenagern wird immer höher.

Und sie regen sich wegen meiner Rechtschreibung auf.

trinkt, gibt dir einen Monat Hausarrest, nur weil du mit einer winzigen Alkoholfahne von einer Party nach Hause gekommen bist. Deine Eltern erklären dir, daß du immer die Wahrheit sagen sollst, und dann entschuldigen sie sich bei ihrer Arbeitsstelle wegen Krankheit, um mal einen Tag blau zu machen. Und obwohl du selbst weißt, daß du den Kautabak lieber weglassen, nicht trinken oder lügen solltest, scheint es, als gäbe es zwei Maßstäbe: einen für dein Verhalten und einen für ihres. Wenn du sie darauf ansprichst, haben sie die Antwort schon parat:

„Das ist etwas anderes. Wir sind älter."

„Nur weil ich das tue, heißt das noch lange nicht, daß du es auch tun kannst."

„Was für Erwachsene richtig ist, ist für ein Kind noch lange nicht richtig."

Wie kannst du diese Haltung akzeptieren? Du kannst es nicht! Du reagierst außerordentlich empfindlich auf diese verschiedenen Maßstäbe, die für so viele Erwachsene in ihrem Leben normal geworden sind.

Die ältliche Nachbarin von nebenan besucht euch. Das erste, was deine Mutter sagt, ist:

„Mrs. Trouble, kann ich Ihnen etwas von meinem frischgebackenen Kuchen anbieten?" Aber wenn du dir auch ein Stück nehmen willst, dreht sie sich um und faucht: „Wie oft habe ich dir schon gesagt, daß du zwischen den Mahlzeiten nicht essen sollst?"

Wie können deine Eltern nur zwei so verschiedene Gesichter haben? Sie behandeln dich total anders, wenn sie allein mit dir sind als im Beisein anderer. Du findest es zum Kotzen, daß deine Mutter so nett und höflich ist, wenn ihre Freunde um sie herumschwirren, aber voll wieder auf dem Kriegspfad ist, sobald sie fort sind. Dann behandelt sie dich so, wie sie es nie vor ihren Freunden tun würde. Wahrscheinlich hast du dir schon mehr als einmal vorgestellt, wie es wäre, wenn deine Eltern ihre Freunde genauso behandeln würden wie dich …

Bob und Irene von nebenan kommen zu euch zum Abendessen. Ding-Dong. Deine Eltern eilen zur Tür.

„Na, das wird aber auch Zeit, daß ihr kommt. Ihr seid spät dran. Ich sagte, ihr solltet um sechs Uhr kommen, und jetzt ist es Viertel nach! Wo wart ihr denn?"

„Ich ... äh ... wir ...“

„Na ja, egal. Habt ihr eure Füße abgestreift? Irene, wo um Himmels willen hast du diese lächerliche Bluse her? Darin siehst du ja aus wie eine Schlampe. Und, wie geht es euch so?“

„Oh, ganz gut. Letzte Woche haben wir ...“

„Bob, wenn du nicht aufhörst, diese Nüsse in dich hineinzustopfen, wirst du dir den Appetit verderben, das sage ich dir!“

„Also, letzte Woche haben wir ...“

„Irene, mit vollem Munde spricht man nicht. Also, wie lief's in der Arbeit?“

„Ganz gut. Wir hatten ein ...“

„Weißt du, Irene, wenn du dich nicht ein bißchen mehr anstrengst und mehr Verantwortung zeigst, wirst du meiner Meinung nach nie befördert werden.“

„Aber warum, ich habe doch ...“

„Und ich glaube nicht, daß du dich weiter mit diesem Charlie Winglop von der Marketingabteilung treffen solltest. Er macht nur Ärger, und ich möchte nicht, daß ihr beide was miteinander anfangt.“

„Wie kannst du ...“

„Das Essen ist fertig. Müßt ihr noch ins Bad? Sind eure Hände sauber?“

„Ich glaube nicht, daß ...“

„Bob, schmatz nicht so. Halte deine Gabel ordentlich. Iß auf, oder du bekommst keinen Nachtisch.“

Wenn sich diese Szene tatsächlich so abspielen sollte, würden Bob und Irene lieber verhungern, als bei euch zu essen. Es ist undenkbar, daß deine Eltern so mit ihren Freunden umgehen. Was könnte unhöflicher und demütigender sein?

Und doch gehen sie jeden Tag mit dir so um. Es gibt nichts in deinem Leben, das vor ihrer schneidenden Kritik sicher wäre: deine Freunde, deine Frisur, deine Haltung, deine Schrift, wie du dich anziehst, welche Filme du gern siehst, was du ißt. Alles, was du tust, wird bewertet, und meist beschränkt sich die Unterhaltung deiner Eltern mit dir nur noch auf kurze Anweisungen:

„Steh gerade."

„Nun mal langsam."

„Paß doch besser auf."

Es geht so weit, daß du genau das Gegenteil tun möchtest, nur um es ihnen zu zeigen. Wenn sie dich nur in Ruhe ließen, dann würdest du ja die Hälfte von dem tun, was sie von dir wollen (na ja, sagen wir vielleicht ein Viertel). Aber du, der oder die du aufrichtig an Freiheit und Demokratie glaubst, lehnst es ab, ein Untergebener oder eine Untergebene im despotisch geführten Hofstaat deiner Eltern zu sein. Es sind nicht nur deine Eltern, wogegen du dich auflehnst. Du kämpfst vielmehr gegen die Beschränkungen deines Lebens, deiner Freiheit und deines Glücks, die sie darstellen.

Doch das war jetzt nur die eine Seite der Medaille, die andere müssen wir uns auch noch ansehen – den Teenager.

Jetzt kommst du auf den heißen Stuhl.

Teenager: Man kann nicht mit ihnen leben

Es fällt mir nicht leicht, über dich zu sprechen, diese Zeit deines Lebens zu beschreiben und zu untersuchen. Es fällt mir deshalb nicht leicht, weil jeder bereits so tut, als seist du öffentliches Eigentum, etwas was man analysiert, mit einem Etikett versieht, seziert oder manipuliert. Ein Stück Fleisch, das bewertet, gestempelt und gekauft oder zurückgewiesen wird, entsprechend den Vorstellungen der anderen, Vorstellungen, zu denen du nicht gefragt wirst.

Was glauben diese Leute eigentlich, wer sie sind, daß sie dir sagen dürfen, was du fühlen und denken oder wie du dich verhalten sollst? Als ob Elternschaft die Erlaubnis dafür wäre, die Seele und den Geist des Nachwuchses zu regieren?

> ***„Es ist eine Phase."***
>
> ***„Woher willst du das wissen?"***
>
> ***„Du hast nicht genug Erfahrung."***
>
> ***„Wenn du erst mal so lange gelebt hast wie wir ..."***
>
> ***„Wenn du erst selbst Kinder hast ..."***

Es ist beinahe, als wärst du ein Objekt in jedermanns Mikroskop. Laß uns doch mal reingucken, ein bißchen herumstochern und untersuchen. Fragen wir dich mal, was du denkst, damit wir dir gleich sagen können, daß du falsch liegst. Fragen wir, was du fühlst, und lachen wir darüber.

> ***„Du benimmst dich wie ein Baby."***
>
> ***„Du bist nicht wirklich verliebt."***
>
> ***„Das solltest du einfach nicht denken."***
>
> ***„Dafür bist du schon zu alt."***
>
> ***„Dafür bist du noch zu jung."***

Beurteilungen über Beurteilungen. Bemerkungen, Beschimpfungen, Belehrungen, Predigten, 24 Stunden am Tag. Es ist, als ob du in einem Zug mitfährst, der dir keine Wahl läßt, wo und wann du aussteigen willst.

Zur Schule? Alles einsteigen. Du willst nicht? Dein Pech: Du hast

keine Wahl. Also los! Hinsetzen. Sitzen bleiben. Kippel nicht mit dem Stuhl. Zappel nicht herum. Sei ruhig!

„Aber es ist langweilig!"

Was soll das heißen, es ist langweilig? Was ist langweilig daran, sechs Stunden am Tag etwas erzählt zu bekommen? Was ist langweilig daran, den ganzen Tag auf eine schwarze Tafel, eine Landkarte oder eine Leinwand zu starren? Was ist langweilig daran, sich Namen, Orte, Daten und irgendwelche Ereignisse zu merken? Wenn es langweilig ist, dann nur deshalb, weil du nicht genügend aufpaßt.

„Es ist langweilig, WEIL ich aufpasse."

„Ruhe jetzt. Setz dich hin."

„Aber warte mal – ich bin absolut gut drauf, richtig energiegeladen!"

„Nicht in der Schule, da nicht. Wir bestimmen hier die Regeln, ist doch wohl klar, oder?"

„Aber ich hasse Mathe."

„Sei nicht albern. Alle Kinder müssen Mathe lernen."

„Hast du es gebrauchen können?"

„Wechsle nicht das Thema."

„Aber ich hasse Mathe, und ich werde es später nie mehr brauchen."

„Woher willst du wissen, was du brauchen wirst?"

„Na ja, wenn ich nicht weiß, was ich brauchen werde, wie kannst du es dann wissen?"

„Sei nicht unverschämt. Es gibt eine Menge Dinge, die gut für dich sind und die dir nicht gefallen."

„Warum kann ich nicht die Dinge tun, die gut für mich sind und die mir außerdem noch gefallen?"

„Wenn es dir gefällt, ist es wahrscheinlich nicht gut für dich."

Tu, was wir sagen, und du tust das Richtige. Tust du nicht, was wir sagen, dann tust du das Falsche. Wir teilen dich in 100 Prozentpunkte auf. Du hast 98, das gibt eine Eins, aber du dort, du hast nur 79, dann bist du nur eine Drei wert, und du, junger Mann, du bist eine absolute Null. Du mußt dich unbedingt mehr anstrengen.

Teenager werden behandelt wie niedere Lebensformen. Sie kommen der Rangfolge entsprechend gleich nach der Amöbe. Wir klassifizieren dich ein: richtig oder falsch, bestanden oder durchgefallen. Dein Wert als Person wird auf der Basis deiner Schulleistung beurteilt. Keine Fehler erlaubt.

> ***„Aber das ist nicht fair! Wie soll man lernen, wenn man keine Fehler machen darf? Ich bin schließlich auch nicht eines Tages aufgestanden und habe sofort angefangen zu laufen. Ich bin ein paarmal hingefallen. Und wer sagt, daß ihr wißt, welche Dinge im Leben so wichtig sind, daß man sie lernen muß? Warum ist Geschichte wichtiger als Musik? Warum ist Wissenschaft wichtiger als Kunst? Wie ist es mit Frieden? Vielleicht sollte es einen Leistungskurs Frieden geben – oder wie man gute Eltern wird. Ich kenne einige Leute, die so was gut gebrauchen könnten. Oder wie wäre es mit einem Kurs, wie man mit seinen Mitmenschen auskommt? Oder einen über Beziehungen? Autoreparatur? Oder über Sex?"***

Wo um Himmels willen hat er *das* denn nun wieder her? Von uns ganz bestimmt nicht!

> ***„Ich denke, daß es wichtiger ist, freundlich und großzügig zu sein, als Französisch zu lernen, und ich denke, daß es viel wichtiger ist, unsere Gefühle und Werte zu verstehen, als zu wissen, wann die Schlacht bei Waterloo ausgetragen wurde. Warum bringen sie uns diese Dinge nicht in der Schule bei? Warum beurteilen sie uns nicht nach unserem Humor? Unserer Ehrlichkeit? Phantasie und Kreativität? Mitgefühl? Liegt das daran, daß diese Dinge nicht wichtig sind oder daß sie nur nicht in eure kleine Multiple-Choice-Welt von 1-6 passen? Ihr wollt nicht, daß ich ein Mensch bin, statt einer Nummer, daß ich euer Wertesystem in Frage stelle, daß ich eurem Leben und eurer Welt einen Spiegel vorhalte, daß ich so tue, als wäre ich ebenso viel wert wie ihr, obwohl ich noch nicht so lange lebe."***

Jugend. Der Zorn, den man nirgendwo loswerden kann. Die Wut, die sich wie Säure durch dein Inneres frißt. Die Ungerechtigkeit, das Gefühl der Hilflosigkeit und Frustration, die Furcht, die Verwirrung. Und die Freude. Der grenzenlose Nervenkitzel bei neuen Erfahrungen. Erste Liebe, erste Freiheiten. Die Bedeutung von Freundschaften. Die Aufregung, etwas geleistet zu haben. Denk mal darüber nach:

Kann es eine andere Zeit im Leben geben, die so reich und so leer, so grenzenlos und so beschränkt, so faszinierend und so langweilig, so hoffnungsvoll und hoffnungslos zugleich ist, in der manche Tage niemals enden und andere niemals kommen?

Ja, es fällt mir nicht leicht, die Jugend zu beschreiben, noch einer mehr zu sein, der dir erzählt, wie es ist. Aber ich will dir helfen, voller Mut zu entdecken, wer du bist, auch wenn *sie* jemand anderen wollen, und der zu sein, der du bist, auch wenn *sie* jemand anderen erwarten. Aus zwei Gründen werde ich die Jugend beschreiben, ohne daß uns da groß jemand zuhören muß:

1. Wenn du deine Eltern erziehen willst, mußt du wissen, woher *du* kommst, wie *du* in das Familienbild paßt und welche Auswirkung diese Zeit des Lebens auf *deine* Gedanken hat, auf *deine* Gefühle, Handlungen und Vorstellungen.
2. Ich möchte, daß dir eines klar wird: Auch wenn du dir oft dumm vorkommst oder dich fürchtest, verletzt bist oder dich unnormal fühlst – mit dir ist alles vollkommen in Ordnung (egal was andere dazu sagen). Und daß die Zeit zwischen zwölf und siebzehn eben eine Zeit von tiefen und widerstreitenden Gefühlen ist.

Vier wichtige Punkte

Es gibt vier wichtige Dinge im Leben jedes Jugendlichen. Sie gehören zusammen und überlappen sich, dabei wäre jedes einzelne davon schon genug, um dich vollauf in Trab zu halten. Aber alle vier auf einmal? Kein Wunder, daß die Zeit der Jugend nicht einfach ist!

Diese vier Punkte sind:

1. Körper
2. Dazugehören
3. Entwicklung
4. Loslösen.

Sehen wir uns den ersten Punkt = Körper zuerst an, denn der ist wohl am spannendsten.

1. Körper

Dein Körper verändert sich während der Jugend vom Körper eines Kindes zum Körper eines (jungen) oder einer (jungen) Erwachsenen. Ständig bewirken Hormonstöße körperliche, seelische und gefühls-

mäßige Veränderungen. Alles wächst: deine Arme, Beine, Brüste, Hüften, der Penis, die Muskeln, die Füße, die Haare – auf der Brust oder sonstwo. (Such dir das aus, was auf dich zutrifft.)

Diese körperlichen Veränderungen machen dich manchmal sehr stolz, und du fühlst dich erwachsen, aber sie lösen auch Streß, Verwirrung, Verlegenheit und Schwierigkeiten aus. Du bist gehemmt, fühlst dich häßlich oder unproportioniert. Die Schultern zu schmal, der Hintern zu breit. Zu klein, zu dünn, zu dick, zu groß. Es ist nicht leicht, eine neue Größe anzunehmen, wenn du dich gerade erst an die alte gewöhnt hast. Und die Erwachsenen machen es dir auch nicht gerade leichter.

„Steh gerade!"

„Mach keinen Buckel!"

„Kämm dir die Haare!"

„Zieh dir was anderes an!"

In der Zeit des Erwachsenwerdens bist du dir deiner selbst (und der anderen) auf eine Art und Weise bewußt, die suchender und fordernder ist als jemals zuvor. Dein eigener Körper, im Vergleich zu denen der anderen, steht für dich im Vordergrund. Du probierst neue Vorstellungen von dir aus, neue Identitäten, und du möchtest, daß dein Körper sich einfügt.

„Iihh! Ich hasse mein Haar! Es ist zu lockig. Ich wünschte, ich hätte deine Haare."

„Du kannst sie gern haben. Ich würde für deine Locken alles geben!"

Du starrst in den Spiegel.

„O nein! Ich versuch mal den Scheitel auf der anderen Seite. Würg! Wie wäre es in der Mitte? Entsetzlich! Das ist ja noch schlimmer. Okay, ich laß es trocknen und kämme es dann erst aus. Vielleicht lieber nicht fönen. Das wird nie etwas. Das sieht einfach beknackt aus. So kann ich nicht weggehen. Vielleicht sollte ich es schneiden lassen?"

Und an den seltenen Tagen, an denen dein Haar zur Abwechslung mal richtig liegt, da stimmt alles andere nicht. Einige neue Pickel sprießen, deine Kleider passen nicht. Du versuchst zwölf verschiedene Klamotten. Das schwarze T-Shirt? Macht deinen Hals zu lang. Deine

Lieblingsjeans? Zu kurz. Sweater? Zu schlapp. Shorts? Dazu sind die Beine zu dünn. Endlich, nachdem der Inhalt deines Kleiderschrankes sich auf dem Fußboden befindet, hast du etwas gefunden, das akzeptabel ist.

Aber dann geht's erst los.

„Wo willst du denn in diesem Aufzug hin?"

„Aber, Mama ..."

„Keine Widerrede. Mein Kind geht nicht in solcher Kleidung zur Schule. Beeil dich und zieh dich um, oder du kommst noch zu spät."

„Mama!"

„Sofort!"

Logischerweise ist dein Haar, bis du dich umgezogen hast und loskannst, bestimmt nicht mehr wie es sein sollte. Irgendwie klappt es nie.

Als ob du nicht schon genug Probleme hättest, versorgen dich diese Hormone, die deinen Körper so sehr verändern, auch noch mit neuen sexuellen Gefühlen, Wünschen und Reaktionen. Die Veränderungen in deinem Körper und das gesteigerte Bewußtsein deiner selbst machen die neuen auftauchenden sexuellen Gedanken und Interessen zu einem wesentlichen Punkt in deinem Leben.

Die Gesellschaft spielt ein übles Spiel mit dir, was Sexualität unter Teenagern betrifft. In früheren Zeiten sind die Menschen viel jünger gestorben als heutzutage. Da war eine durchschnittliche Lebensdauer von 40 bis 50 Jahren die Norm. Deshalb bewegte sich der Lebenskreislauf auch schneller. Kinder wurden viel früher zu „Erwachsenen". Sie heirateten, hatten Kinder und arbeiteten, schon bevor sie zwanzig waren. Das funktionierte ganz gut. Sexuelle Bedürfnisse und die Stellung im Leben liefen parallel. Die Gesellschaft versorgte alle mit angemessenen Ventilen (in Form von früher Heirat und „Erwachsensein") für diese natürlichen Gefühle.

Heutzutage jedoch haben die Menschen eine Lebenserwartung von 70 bis 80 Jahren. Eine neue Lebensphase – die Jugend – wurde erfunden, um einen Teil dieser Zeit auszufüllen. Jetzt geht man viel länger zur Schule, zur Universität und vielleicht noch ein Jahr ins Ausland, um Erfahrungen zu sammeln. In der Zwischenzeit gibt dir alle Welt den Rat, noch zu warten. Heirate nicht so früh! Schaff dir noch keine Kinder an! Binde dich nicht zu zeitig!

So gibt es also Millionen von Menschen, die erst heiraten und Familien gründen, wenn sie Mitte oder Ende zwanzig sind, die aber starke, anhaltende sexuelle Bedürfnisse verspüren, und zwar schon seit ihren frühen Teenagerjahren. Die Natur und die gesellschaftlichen Rollen passen einfach nicht mehr zusammen. Tja, und da hast du dein Problem.

Und wer hilft dir dabei? Natürlich niemand. Die Gesellschaft macht es nur noch schlimmer. Sie sendet dir Botschaften, die so verwirrend, so heuchlerisch, so unrealistisch und so beleidigend sind, daß du schwören könntest, deine Eltern stecken dahinter. Aber ausnahmsweise sind sie diesmal unschuldig.

Es ist unsere Kultur, die dich mit sexuellen Anreizen bombardiert. Sex verkauft sich, also geht alles um Sex. Sex auf den Titelbildern der Zeitschriften, Sex in Liedtexten, Sex auf Plakatwänden. Du willst, daß die Jungs auf dich stehen? Kauf unser Shampoo! Du möchtest die hübschesten Mädchen? Kauf unsere Jeans! Ein Mädchen ist nicht genug? Benutze unser Aftershave, und du wirst zwei Mädchen an jedem Arm haben! „Du möchtest glücklich werden?“ schnurrt das Mädchen in dem engen T-Shirt vom Bildschirm herunter. Dann wähle die Nummer 666!

Die AIDS-Krise wirft ein bezeichnendes Licht auf die Heuchelei und Unmoral der Gesellschaft bezüglich vorehelichem und Teenage-Sex. Während die Medien weiter die Kids mit sexuellen Stimulationen bombardieren, predigen die Erwachsenen Abstinenz. Während die jugendlichen Bildschirmhelden ihre Unschuld verlieren, sollen die Jugendlichen im wirklichen Leben „Nein zum Sex!“ sagen. Während die Zahl der Teenager und jungen Erwachsenen, die sich mit AIDS infizieren, immer weiter ansteigt, diskutieren die Erwachsenen darüber, ob Kondome für Jugendliche verfügbar sein sollten oder nicht.

Natürlich ist der sicherste Sex *kein* Sex, und viele Teenager entscheiden sich dafür, mit dem Sex zu warten, bis sie älter oder verheiratet sind. Aber für jene, die sexuell aktiv sind, reduziert der Gebrauch von Kondomen die Risiken von AIDS und anderen sexuell übertragbaren, Krankheiten ebenso wie das Risiko einer ungewollten Schwangerschaft.

„Wenn Sex so gefährlich ist, könnten wir da nicht Kondome an der Schule bekommen?“

„Kondome an der Schule!!!??? Wenn wir Kondome ausgäben, würden wir Sex ja noch fördern.“

„Nein, ihr würdet lediglich das Verantwortungsgefühl fördern.“

„Kids in eurem Alter sollten erst einmal noch gar keinen Sex haben."

Wunderbar! Also wirst du keinen Sex haben, bis *sie* sagen, daß du nun soweit bist. Aber dann ... was ist dann mit diesen anderen Stimmen, die du hörst?

„Heh, Kid! Stimmt was nicht mit dir? Achtzehn und immer noch Jungfrau? Meine Güte, wo hast du denn gesteckt? Na, jetzt leg aber mal los!"

Die Gesellschaft sendet gemischte Botschaften aus, du steckst voll in der Mitte. Du wirst verdammt, wenn du es tust, und genauso verdammt, wenn du es nicht tust. Zwischenzeitlich bleiben deine Hormone unbeeinflußt von beiden Sichtweisen und der herrschenden Uneinigkeit.

Das alles macht das Leben eines Teenagers nicht gerade einfach. Wo findest du Leute, die Antworten parat haben? An wen kannst du dich um Rat und Unterstützung wenden? Wo wirst du nicht mit einem Schulterzucken abgespeist?

2. Dazugehören

Wenn es etwas gibt, was Erwachsenen mehr Angst einjagt als Teenager, dann sind es ihre Cliquen. Die Gruppe von besten Freunden, die zusammen herumhängen, Spaß haben und in Schwierigkeiten geraten, die auf Festen zu finden sind, mit denen sie Hausaufgaben machen, bei denen sie übernachten, mit denen sie lachen und Geheimnisse austauschen. Cliquen wie in:

> **Cliquen-Druck** (kl'ikən-druk) m. 1. Alptraum aller Eltern. 2. Eine gefürchtete Krankheit, die vorzugsweise Jugendliche in den besten Jahren heimsucht. 3. Eine tödliche Infektion von Verstand und Körper, die schleichend die liebenswerten und niedlichen Kinder vergiftet, die früher immer das taten, was man ihnen sagte.

Wer sind die Träger dieser schrecklichen, heimtückischen Krankheit? Deine Freunde natürlich. Im großen und ganzen recht nette Menschen, so wie du einer bist.

Nun will ich nicht leugnen (und ich hoffe, du stimmst mit mir da überein), daß viele Menschen aufgrund des Drucks von anderen Dinge tun oder auch nicht tun. Wie war das damals noch gleich, als du 24 Krapfen gegessen hast, weil deine Kumpel dich dazu aufgestachelt

hatten, oder als du dich mitten in der Nacht aus dem Haus geschlichen hast, um deine Freunde zu treffen? Du hast unter Druck gestanden, dem Druck dazuzugehören, akzeptiert zu werden, als cool, mutig und abenteuerlustig zu gelten.

Aber woher genau kam dieser Druck eigentlich? Kam er von außen, von deinen Freunden? Oder kam er aus deinem Inneren, von dir selbst? Wie auch immer, deine Freunde sind deine Partner im Entdecken des Lebens und der Gefühle. Sie üben auf dich oft Druck aus, aber andererseits nehmen sie dir auch Druck weg. Mit ihnen bist du nicht allein. Du kannst dich auf sie verlassen, Dinge mit ihnen teilen, sie lieben, dich mit ihnen vergleichen, mit ihnen lernen und Neues ausprobieren. Mit wem sonst könntest du das tun? Mit deiner Katze vielleicht?

Zu einer Clique dazuzugehören, mit deinen Freunden zusammenzusein, ist ein wichtiger Teil der Jugend. Daran ist nichts Neues. Erwachsene wollen auch irgendwo dazugehören. Sie benehmen sich auf eine bestimmte Art und Weise, weil sie unter dem Druck der Gesellschaft stehen oder weil sie die Nachbarn beeindrucken wollen. Sie lassen sich davon beeinflussen, was der Chef wohl sagen und die Verwandten denken werden. Wenn es jedoch um Erwachsene geht, nennt man dies „gesellschaftliche Verpflichtungen" und „Eingehen auf die Wünsche anderer". Wenn es um dich geht, nennen sie es „Gruppenzwang" oder „Cliquen-Druck".

Egal wie es auch genannt wird, es ist ein anderer dicker Punkt auf der Sorgenliste deiner Eltern. Auch du machst dir Gedanken darüber. Es ist schwierig, das Gleichgewicht zu finden zwischen deinen eigenen Wünschen und dem Wunsch, akzeptiert und gemocht zu werden. Wann solltest du dich anpassen, und wann solltest du ein Zeichen für deine Individualität setzen? In der Zwischenzeit wollen deine Eltern sichergehen, daß wenigstens *sie* es sind, wenn dich schon jemand beeinflußt.

Der Gruppenzwang ist oft ein großer Streitpunkt in deiner Familie. Aber eigentlich handelt es sich hier um eine Vertrauenssache. Je mehr das Vertrauen deiner Eltern in dich wächst (was du dazu tun kannst, erfährst du in Kapitel 2), desto mehr lassen ihre Ängste nach, daß du ein Opfer des Gruppenzwangs wirst. Und schließlich werden sie ganz verschwinden.

3. Entwicklung

Das ist ein ziemlich dicker Brocken. Vom Tag deiner Geburt an hast du dich entwickelt. Und das tust du weiter, bis du stirbst.

Während deiner Jugend lernst du jedoch, dich quasi von außen zu betrachten und zu überlegen, wer du eigentlich bist, wer du sein willst, und dich so zu sehen, wie es die anderen tun. Du bist nicht länger das kleine Kind, das sich seines Auftretens und wie andere darauf reagieren nicht bewußt ist. Jetzt hast du die Vor- und die Nachteile einer neuen Sichtweise.

Wer bist du? Worüber machst du dir Gedanken? Wer möchtest du sein? Wie kommst du dahin? Was gefällt dir? Was haßt du? Warum haßt du es? Was verletzt dich? Ist es in Ordnung, diese Gefühle zu haben? Der Versuch, das alles zusammenzusetzen, so daß ein Mensch dabei herauskommt, den du kennst und magst, ist nicht gerade die reinste Sahne.

Das Leben ist oft so verwirrend. Du willst mutig sein, aber du hast Angst. Du willst in der Schule gut sein, aber du hast leider etwas gegen Hausaufgaben. Du willst mit deinen Eltern klarkommen, aber du haßt es, wenn sie an dir herummeckern. Du willst, daß deine Freunde dich mögen, aber manchmal tust du Dinge mit ihnen, die du später bedauerst. Gelegentlich scheint es, als wärst du außer Kontrolle, als zerrten Herz, Verstand und Körper dich in völlig entgegengesetzte Richtungen.

Wer bist du also? Bist du treu? Großzügig? Sexy? Langweilig? Bist du der, für den du dich hältst? Deine Eltern sagen dir, du wärst der und der, und du möchtest jemand anders sein. Dein Freund möchte dies, deine Freundin jenes. Deine Lehrer erwarten nicht wenig, deine Eltern noch viel mehr. Tu dies, tu das. Sei so, sei anders. An einem Tag bist du glücklich, am nächsten in Tränen aufgelöst. Du magst dich, du haßt dich. Wie sollst du damit zurechtkommen, mit den Gefühlen und Wünschen, die an dich gestellt werden, mit den Widersprüchen?

Jugend ist eine Zeit der Gegensätzlichkeiten, Spannungen und Extreme. Dein bester Freund von heute kann dein schlimmster Feind von morgen sein. In einem Moment bist du selbstsicher, der Größte, es gibt nichts, was du nicht tun kannst. Und im nächsten Moment hast du Angst – vor dir selbst, deinen Gefühlen, deiner Familie, deinen Freunden und deiner Zukunft. Du möchtest dich verstecken, verschwinden, in ein Loch kriechen und nie mehr herauskommen.

„Ich wünschte, ich wäre tot. Ich halte es nicht mehr aus. Ich hasse mich. Niemand mag mich. Ich bin dumm und häßlich, und ich werde mich nie ändern. Oh, verdammt, ich wünschte wirklich, ich wäre tot. Dann würde es ihnen leid tun."

Aber Moment mal. Plötzlich bist du ganz oben – du hast einen besonderen Freund gefunden, deine Eltern lassen dich seit einer Weile in Ruhe, du hast eine Prüfung gut bestanden, du hast phantastische neue Turnschuhe bekommen. Und dann – schlagartig, wirst du aus der Schulmannschaft ausgeschlossen, streitest mit einem Freund, der Lehrer macht dich vor der ganzen Klasse zum Idioten. Du schwänzt Schule, deine Eltern geben dir Hausarrest und Taschengeldsperre für ganze drei Wochen. Doch am nächsten Morgen – du springst aus dem Bett – wem gehört dieses Wahnsinns-Gesicht da im Spiegel, ha, was für ein Körper, wer ist das – na, du natürlich – wieder voll da! Bis zum nächsten Tiefpunkt. Du bist wieder ganz unten ... Wird das nie ein Ende haben?

Keine Sorge, mit dir ist alles in Ordnung. Die Zeit des Erwachsenwerdens ist nun mal hart. So vieles, was du erlebst, ist neu und anders. Alles ändert sich, und wenngleich Änderungen aufregend und unvermeidbar sind, sind sie doch auch furchteinflößend. Sie bringen alles ins Schwanken. Du wirst ständig herausgefordert und mit einer Welt konfrontiert, die nur Erfolg oder Fehlschlag zu kennen scheint. Du hast mehr Möglichkeiten als jemals zuvor, und doch gibt es auch mehr Grenzen, Erwartungen und Druck. Du hast noch nicht so viele Erfahrungen, auf die du dich stützen kannst. Du kannst nicht sagen: „Das kenn ich schon. Ich weiß, ich überstehe das. Ich weiß, das kommt schon in Ordnung."

Was du brauchst, ist eine starke, sichere Identität, ein positives Gefühl zu dem, wer du bist und was du kannst. Wenn du das hättest, würdest du diese Zeit völlig locker durchlaufen. Da gibt es nur ein Problem: Eben jetzt, zu genau dieser Zeit, mußt du dir dieses Gefühl der Identität und des Selbstvertrauens erst aufbauen. Kampf ist angesagt, denn genau die Fähigkeiten und Erfahrungen, die du brauchst, um jetzt mit deinem Leben zurechtzukommen, sind diejenigen, die du nicht hast und nicht haben wirst, bis du viel älter bist.

In der Zwischenzeit hilft es dir leider überhaupt nicht weiter, wenn jeder sich auf das stürzt und dich damit bombardiert, was du falsch machst. Du weißt selbst, wenn etwas schiefläuft. Jetzt könntest du jemanden brauchen, der dir zur Abwechslung mal sagt, was richtig ist.

Was du tun mußt, ist, dich auf den Weg zu konzentrieren, und nicht nur auf das Ziel. Die anderen behalten schon deine Ziele für dich im Auge. Laß sie doch. Sollen sie sich doch Sorgen machen, ob dein Zug planmäßig abfährt und an den richtigen Stationen zur rechten Zeit hält. Sollen sie sich doch Sorgen machen, während du aus dem Fenster siehst und die Fahrt genießt.

Und wenn alles mal wieder schiefgeht, dann weine, schreie, jammere und stampfe mit dem Fuß auf. Dann gratuliere dir und fühl dich gut, weil du tiefer Gefühle fähig bist. Sei froh, daß du nicht einer dieser Jammerlappen bist, die auf einem Kuschelkissen durchs Leben getragen werden. Du lebst dein Leben aus dem Vollen, und irgendwann werden deine Träume vielleicht wahr.

Aber mit den Höhen kommen auch die Tiefen, die endlosen Abgründe der dunklen Verzweiflung. Sei traurig, sei wütend und ungeduldig. Akzeptiere dich und deine Gefühle. Tauche ein und nimm dein Leben in die Hand – selbst wenn es gerade völlig außer Kontrolle scheint. Tu es jetzt, denn eines Tages wird es keine Eltern, Lehrer oder Freunde mehr geben, die dir sagen, wie du sein sollst. Und wenn dieser Tag da ist, dann wirst du froh sein, wenn du weißt, wer du bist!

4. Loslösen

Vielleicht sitzt du nun da und sagst: „Heiliger Bimbam! Kein Wunder, daß das Leben so hart ist, wenn so viel passiert." Aber warte mal kurz, denn wir sind noch nicht fertig. Da ist noch mehr.

Die Zeit des Erwachsenwerdens ist auch die Zeit, in der du dich von deinen Eltern loslöst. Das ist gesund, notwendig und schmerzhaft schwierig – für dich und für sie. Die meiste Zeit deines bisherigen Lebens warst du völlig von deinen Eltern abhängig. Sie haben dich mit Essen und Kleidung versorgt und sich um dich gekümmert. Sie haben dich gestreichelt, haben gewartet, bis du dein Bäucherchen gemacht hast und dir deinen kleinen Po abgewischt. Sie waren deine Eintrittskarte in die Welt. Sie sind mit dir in den Zoo gegangen und in den Park. Sie haben deine Spielsachen, deine Bücher und sogar deine Freunde ausgesucht. Einfach alles, was du wolltest, mußte durch die Zollstation elterlicher Erlaubnis. Sie haben dein Leben, deine Grenzen und dein Benehmen kontrolliert.

Wenn du zwei, fünf oder acht Jahre alt bist, ist das gar nicht so schlecht. Aber allmählich entwickelst du dich zu einer eigenen Persönlichkeit. Du hast inzwischen deine eigenen Interessen, Werte und

Prioritäten. Du willst mehr Kontrolle über dein eigenes Leben (und solltest die auch haben). Du willst dir deine Freunde, Kleidung und Musik selbst aussuchen. Du willst deine eigenen Entscheidungen treffen und auch Fehler dabei machen dürfen. Du willst mehr Freiheit, mehr Privilegien, mehr Respekt. Du bist weniger bereit, die „Weil-ich-es-sage-Autorität" deiner Eltern zu akzeptieren.

Aber deine Eltern haben sich daran gewöhnt, dir zu sagen, was du tun oder lassen sollst. Für sie ist es neu, daß du sagst: „Nein, ich will nicht!" und „Du hast mir nichts zu sagen!" Was das alles so schwierig macht, ist, daß du (noch) nicht völlig unabhängig von deinen Eltern sein kannst. Du brauchst sie noch immer, damit sie dich mit Essen, Geld, Unterkunft, Schutz und liebevoller Unterstützung versorgen. Doch während dieser Zeit der noch teilweisen Abhängigkeit kämpfst du um mehr und mehr Unabhängigkeit.

Das schafft Spannung und Ärger. Du nimmst es deinen Eltern übel, daß sie immer noch die Kontrolle über dich haben, und sie nehmen es dir übel, daß du so undankbar bist.

„Solange wir die Rechnungen zahlen, tust du, was wir sagen.“

„Solange du die Füße unter unserem Tisch hast, bestimmen wir.“

Aber du kannst mit fünfzehn nun mal deine Füße nirgendwo anders haben als unter ihrem Tisch, und du magst es nicht, daß diese unvermeidbare Schicksalsfügung dein Recht auf Freiheit beschneidet. Deine Eltern meinen andererseits, solange sie dich versorgen und immer noch verantwortlich für dich sind, können sie dir auch sagen, wo es langgeht. Beide Ansichten haben durchaus ihre Berechtigung, aber sie vertragen sich ganz offensichtlich nicht.

Irgendwie muß ein Kompromiß gefunden werden, damit dein Recht auf Individualität respektiert wird und gleichzeitig deine Eltern nicht das Gefühl haben müssen, daß sie einen Lebensstil unterstützen, den sie nicht gutheißen. Es ist leicht, diese Balance zu finden, wenn es um extreme Positionen geht. Dir ist klar, daß deine Eltern nicht verpflichtet sind, dich mit Drogen handeln und wilde Orgien feiern zu lassen. Aber es wird viel, viel schwieriger, wenn dein Verhalten gar nicht so außergewöhnlich ist, wenn der Streit nur um Stil, Geschmack, Mode, Einstellung oder verschiedene Interessen geht.

Da versuchst du nun, mit dem Leben, der Liebe und der Freiheit zurechtzukommen, und deine Eltern haben nichts Besseres zu tun, als dir das alles nur noch schwerer zu machen, als es schon ist. Manchmal hast du das Gefühl, es geht zwei Schritte vorwärts und zweihundert zurück. Kein Wunder, daß du ungeduldig und launisch bist. Wer würde sich da nicht wünschen, so schnell wie möglich erwachsen zu werden?

Deinen Eltern geht es da sicherlich nicht anders. Auch sie wünschen sich wahrscheinlich, daß du so schnell wie möglich erwachsen wirst, denn diese Zeit ist für sie ebenfalls ziemlich schwierig. Was würden Sie wohl sagen, wenn sie ihre Sprößlinge im Teenageralter zu beschreiben hätten? Worüber würden sie sich an so einem Tag beschweren, an dem sie sich ungeliebt und nicht anerkannt fühlen?

„Teenager können so grausam und egoistisch sein.“

„Sie tun so, als ob sie alles besser wüßten.“

„Sie lassen sich überhaupt nichts sagen.“

„Mein Sohn ist so launisch, daß ich nie weiß, was ich zu erwarten habe.“

„Meine Tochter tut so, als würde Ich überhaupt nicht existieren.“

„Sie denken immer nur an sich selbst“

„Sie sprechen nie mit mir, außer wenn sie etwas wollen oder sich beschweren.“

So also sehen Eltern ihre Sprößlinge. Und das paßt auch. Wenn neue Gefühle und Situationen dich überschwemmen, bist du oft ziemlich launisch. Du nimmst manches zu ernst. Stellt jemand dein Selbstvertrauen in Frage, überspielst du das, indem du angibst und so tust, als wüßtest du alles besser. Im Kampf mit deinen Eltern um mehr Freiheit bist du oft grausam und egoistisch.

Wenn du unter Druck stehst und mit Problemen beschäftigt bist, existieren deine Eltern überhaupt nicht für dich, aber wenn du etwas brauchst, kommst du wieder zu ihnen. Es macht deine Eltern wütend, wenn du dann ihren Rat ablehnst. Erfahrung zählt schließlich, und manchmal wissen sie wirklich besser, was für dich gut wäre. Aber von deiner Sicht aus ist es eben frustrierend, wenn dir ständig jemand sagt, was du zu tun hast. Natürlich willst du nun immer öfter deine Entscheidungen aufgrund eigener Erfahrungen treffen.

Und genau da liegt das Problem: Ihr habt *beide* recht, jeder auf seine Weise. Wobei die Gefühle und Bedürfnisse der Eltern und die der Teenager unglücklicherweise im Widerstreit miteinander liegen. Wenn du jedoch aus deiner Rolle herausschlüpfen und sagen kannst, daß ihr beide recht habt, stehen die Chancen gut, daß ihr euch wieder ganz gut leiden könnt und – was noch viel wichtiger ist – daß du dich selber ganz in Ordnung findest. Und Menschen, die sich selbst mögen, mit denen kann man viel besser zurechtkommen.

2. KAPITEL

Zurück zu den Wurzeln:

Die Dreh- und Angelpunkte jeder Eltern-Kind-Beziehung

Ob du nun ein Superpunk oder ein völliger Streber, New Wave oder Hard Rock, Macho oder Softie, Girlie oder Rockerbraut, obercool oder eher uncool bist, das ist ziemlich egal. Eines aber ist auf jeden Fall wichtig: Wenn du Eltern so erziehen willst, daß sie dir nicht auf die Nerven fallen, dir vertrauen und mehr Freiheit lassen, dann mußt du die Grundlagen jeder Eltern-Kind-Beziehung kennen und lernen, mit ihnen umzugehen.

Informationen sammeln

Vielleicht siehst du dir deine Eltern manchmal etwas näher an und sagst: „Na ja, da ist informationsmäßig bestimmt nicht viel zu holen.“ Vielleicht. Das heißt aber nicht, daß du dieses Kapitel überspringen solltest. Ob deine Eltern nun Intelligenzbestien sind oder von nichts eine Ahnung haben, darum geht es hier nicht.

Um deine Eltern zu erziehen, mußt du nämlich erst einmal wissen, wer sie überhaupt sind. Auch wenn du vielleicht von Eltern träumst, die dich mit Lob, Respekt und Hundertmarkscheinen überschütten, findest du in der grauen Realität nach wie vor deine alten Leutchen zu Hause vor. Bevor du sie jedoch in die Richtung schieben kannst, die dir genehm ist, mußt du wissen, wer sie sind und wie sie funktionieren. Das heißt, du mußt soviel über sie herausfinden, wie du nur kannst.

Wie?

Durch Fragen. Und dann natürlich durch Zuhören. Denn in den einschläfernden Monologen deiner Eltern findest du wertvolle Informationen, die wichtig sind, um viele Probleme zu lösen und eure Beziehung zu verbessern. Und wenn dir bei dem Gedanken, wahrhaftig mit

deinen Eltern reden zu müssen, schwach in den Knien wird, dann betrachte das Ganze nicht als Gespräch. Stell dir vor, du schürfst nach Gold!

Und warum soll das Sammeln von Informationen etwas bringen?

1. Weil die Informationen, die du ausgräbst, dir Anhaltspunkte dafür geben, was hinter den augenblicklichen Problemen versteckt sein könnte.
2. Weil deine Eltern erfreut sein werden, daß du Interesse für sie zeigst.
3. Weil ihr in der Zeit, die ihr mit Reden verbringt, schon nicht streiten könnt.

Alle Menschen, und deine Eltern auch, sind aus vielen kleinen Mosaiksteinchen des Lebens zusammengefügt. Das Verhalten deiner Eltern dir gegenüber ist das Resultat ihrer

- Erfahrungen in der Kindheit,
- eigenen Elternbeziehung,
- gesellschaftlichen Vergangenheit,
- Gesundheit,
- Ängste und Unsicherheiten,
- Hoffnungen und Erwartungen,
- Berufe,
- Ehe (oder Ehen),
- anderen Beziehungen und Freundschaften,
- Erfahrungen mit deinen Geschwistern und
- gegenwärtigen Gefühlssituation.

Mit anderen Worten, *wer deine Eltern sind* – diese Kombination aus Erfahrung und Persönlichkeit, die ihr Leben bisher geformt hat – *hat Auswirkungen auf dich*. Wie kannst du ihre Reaktionen voraussehen und ihre empfindlichen Stellen meiden, wie kannst du wissen, wie du mit ihnen umgehen mußt, wenn du nicht möglichst viele Informationen über ihr Leben, ihre Erfahrungen und Gefühle sammelst?

In der Außenpolitik versucht jede Regierung, alles über die Führer fremder Nationen in Erfahrung zu bringen. Diese Informationen sind notwendig, um Verhandlungen vorzubereiten und die Risiken abzuschätzen, die jede Strategie mit sich bringt. Manche Haltungen deiner Eltern erscheinen dir ja ebenfalls äußerst fremd, daher dürfte im Bereich deiner Familienpolitik eine ähnliche Vorgehensweise angebracht sein.

Sei gewarnt, daß ich mich lediglich auf moralisch einwandfreie Methoden der Informationspolitik konzentriere. Auf weniger moralische Methoden gehe ich hier nicht ein. Ich überlasse es deinem Gewissen, ob du deine Informationen durch Lauschen oder die Verletzung der Privatsphäre sammeln willst. Wenn du lieber Schubladen durchwühlst oder in Taschen herumstöberst, selbst wenn es nur darum geht, Hinweise auf zu erwartende Geburtstagsgeschenke zu erhalten, mußt du das verantworten, nicht ich.

Das Gute bei der moralischen Art von Informationssammlung ist: Du schlägst zwei Fliegen mit einer Klappe. Zum einen bekommst du wertvolle Information, und gleichzeitig fühlen sich deine Eltern angenehm überrascht von deinem Interesse (was wiederum deine Stellung verbessert).

Also, bist du bereit, dein Wissen zu vermehren? Dann mach dich bereit …

Einen Moment noch!!!

Bevor du deine Eltern mit Fragen bombardierst, hier noch einige wichtige Tips:

- Beginne mit einfachen, nicht zu persönlichen (und damit nicht bedrohlichen) Fragen:

  „Wie war deine Reise?“

  „Wie hat dir der Film gefallen?“

  „Ist deine Besprechung gut gelaufen?“

Je nachdem, wie deine Eltern darauf reagieren, kannst du dich dann langsam in andere, persönlichere Gebiete vorwagen:

„Stehst du zur Zeit in der Arbeit ziemlich unter Druck?“

„Hat dich der Telefonanruf von Onkel Arthur geärgert?“

„Wovon hast du geträumt, als du ein Kind warst?“

- Paß auf, wie du deine Fragen stellst. Du willst deine Eltern doch nicht in eine Abwehrhaltung drängen. Wähle Worte, die sie nicht verletzen oder ärgern können. Zum Beispiel:

Schlecht	*Gut*
„Papa, warst du immer schon so ein Idiot, oder wird man so, wenn man erwachsen wird?“	***„Papa, wie warst du denn als Kind? Glaubst du, daß du dich sehr geändert hast?“***

„Mama, warum bist du heute so sauer und hackst dauernd auf mir herum?"

„Mama, habe ich heute irgend etwas getan, was dich geärgert hat?"

„Waren deine Eltern auch so gemein zu dir, wie du zu mir?"

„Wie sind deine Eltern denn mit dir und deinen Geschwistern umgegangen?"

Der Stil ist so wichtig, daß ich später in diesem Kapitel noch einmal darauf eingehen werde. Aber ich dachte, eine rechtzeitige Warnung ist vielleicht für diejenigen unter euch ganz gut, die erst Fragen stellen und später denken.

■ Also, bist du soweit? Dann mach dich bereit …

Einen Moment noch!

Was ist denn?

Das wird nie funktionieren. Du kennst meine Eltern nicht. Sie erzählen mir nie etwas. Sie sagen einfach nur: „Kümmere dich um deinen eigenen Kram." Wenn ich frage: „Wie war es bei der Arbeit?", dann sagen sie: „Ging schon." Wenn ich frage: „Was machst du gerade?", sagen sie: „Nichts."

Ich verstehe, was du meinst. Mit anderen Worten, was machst du, wenn deine Eltern nicht über sich reden wollen?

Genau.

Und was machst du, wenn deine Eltern nicht gefragt werden wollen?

Richtig.

Und was machst du, wenn sie sich ausspioniert fühlen und in Abwehrhaltung gehen?

Das meine ich.

Mit anderen Worten, was machst du, wenn sie sich genauso verhalten wie du?

Nein!!! Na ja, vielleicht, äh … vielleicht bin ich auch manchmal so … aber ich versuche, das zu ändern.

Sehr gut! Und wenn du dich zu ändern versuchst, dann weißt du ja, wie schwierig das ist. Also mußt du deinen Eltern helfen, mit dieser neuen, intimeren Art der Kommunikation umzugehen.

Wie denn?

- Mach es ihnen vor. Sei *ihren* Fragen gegenüber aufgeschlossen. Geh nicht gleich in Abwehrhaltung. Vermute nicht hinter jeder Frage einen versteckten Vorwurf.
- Wenn du meinst, daß etwas sie „nichts angeht“, sage es – aber sag es ungefähr so:

  „Ich möchte eigentlich nicht so gern darüber reden.“

  „Das ist irgendwie persönlich. Ich möchte es lieber für mich behalten.“

- Sei geduldig. Drängle nicht. Laß deine Eltern das Tempo mitbestimmen, in dem ihr eure Beziehung verbessert.
- Kritisiere die Antworten deiner Eltern nicht.
- Vermeide gefährliches Terrain – zumindest am Anfang. Versuche herauszufinden, mit welchen Themen deine Eltern am entspanntesten umgehen können.
- Sei flexibel. Wenn eine Methode nicht funkioniert (wie zum Beispiel Fragen beim Essen), probier eine andere aus (zum Beispiel bei einem gemeinsamen Spaziergang).
- Beschaffe dir die Informationen über deine Eltern auch aus anderen Quellen: Verwandte, Freunde der Familie, Geschwister.
- Lies den Rest dieses Kapitels sorgfältig. Achte besonders auf die Hinweise, die den richtigen Zeitpunkt, den Stil und den Respekt vor der Privatsphäre deiner Eltern betreffen.

Nach diesen einführenden Tips müßtest du jetzt eigentlich soweit sein, in das Leben deiner Eltern hineinzuplatzen und die vielfältigen Informationen aufzusaugen.

Das Jahr 1967: Wie haben deine Eltern damals gelebt?

Du solltest alles entdecken, was es über die Kindheit und die Jugend deiner Eltern zu entdecken gibt. Warte nicht, bis dich die alte „Als-ich-in-deinem-Alter-war“-Leier trifft, denn diese Erinnerungen sind von deinen Eltern meist so gefärbt, wie sie es gerade brauchen können.

- Wo sind sie aufgewachsen? In einer großen Stadt? Einer Kleinstadt? Auf dem Land? Im Ausland?

- Mit wem sind sie aufgewachsen? Eltern? Stiefeltern? Bei einem Vormund? Gibt es Brüder? Schwestern? Hatten sie Haustiere? Waren sie Einzelkinder? Adoptiert?
- Waren sie arm? Reich? Was haben ihre Eltern gearbeitet? Welche Rolle hat Geld in der Familie gespielt?
- Wie stand es mit der Schule? Waren sie gute Schüler? Welche Art von Partys haben sie besucht? Wie sind sie mit Drogen oder Alkohol umgegangen?
- Hatten sie Freunde? Sind sie viel ausgegangen? Wann hatten sie zum ersten Mal Sex? Wie sind sie überhaupt mit dem Thema Sex umgegangen? (Du mußt natürlich erst feststellen, ob deine Eltern reif genug sind, dieses Thema zu diskutieren.)
- Was hat ihnen als Kindern Spaß gemacht? Waren sie beliebt? Weswegen gab es Streit mit ihren Eltern? Mit ihren Freunden?
- Wann haben sie angefangen zu arbeiten? Wann sind sie zu Hause ausgezogen? Wieviel Freiheit hatten sie, als sie noch zu Hause wohnten?

- Was waren die gesellschaftlichen Zwänge und Werte zu der Zeit, als sie aufwuchsen? Wie war die wirtschaftliche Situation?
- Wie haben sich deine Eltern kennengelernt? Wie lange sind sie miteinander gegangen? Wer hat die Willst-du-mich-heiraten-Frage gestellt? Hat ihre Ehe sich so entwickelt, wie sie es sich vorgestellt haben?
- Und, was am wichtigsten ist, wie haben sie sich als Kinder gefühlt? Haben sie sich selbst gemocht? Waren sie die meiste Zeit glücklich? Hatten sie Probleme? Waren sie Draufgänger? Wie ging es ihnen in den Situationen, die du jetzt erlebst?

Klar, daß du das nicht alles über Nacht herausfinden kannst. Es braucht Zeit, aber du wirst für deine Anstrengungen belohnt werden. Die Informationen, die du sammelst, werden viel von den gegenwärtigen Gefühlen und der Einstellung deiner Eltern erklären. Du wirst allmählich herausfinden, ob es versteckte Gründe für eure Konflikte gibt und welche es sind. Zum Beispiel: Wenn deine Eltern als Kinder arm waren, jetzt aber relativ viel Geld haben, beeinflußt das garantiert ihre Einstellung zu deiner Art, mit Geld umzugehen. Wenn deine Eltern als Kinder ein sehr behütetes Leben führten, könnte das erklären, warum sie dir so viel verbieten, oder auch, warum sie dich alles machen lassen.

Suche nach Verbindungen zwischen den Problemen, die du mit deinen Eltern hast, und den Erfahrungen, die sie als Jugendliche hatten. Dort findest du Hinweise auf die wahren Hintergründe eures Streits.

Wie steht es mit deinem Zimmer? Zu chaotisch für Mama und Papa? Vielleicht sieht es dort tatsächlich so aus, als hätte eine Bombe eingeschlagen, aber vielleicht gibt es zu ihren Reaktionen auch einen versteckten Hintergrund (siehe Kapitel 5). Vielleicht hatten sie als Kinder nie ein eigenes Zimmer. Dann ärgert sie, daß du das Zimmer, das sie selbst immer haben wollten, zur Müllhalde umfunktionierst. Verstehst du, was ich meine? Für dich ist es ganz selbstverständlich, daß du ein eigenes Zimmer hast. Sie hatten jedoch nie eines. So ist es nur logisch, daß ihr alle ein eigenes Zimmer auf verschiedene Weisen betrachtet.

Ist die Schwester deiner Mutter als Kind beinahe ertrunken? Vielleicht ist deshalb deine Mutter immer so besorgt, wenn du schwimmen gehst. War der Vater deines Vaters ein Alkoholiker? Kein Wunder, daß dein Vater so kategorisch gegen Alkohol ist. Ist dein Vater mit sechzehn von der Schule abgegangen? Das beeinflußt natürlich seine Re-

aktion auf deinen Wunsch, das gleiche zu tun. Hat deinem Vater die Klavierstunde als Kind Spaß gemacht? Vielleicht ... nun, ich denke, du verstehst, was ich meine.

Es ist schon eigenartig, wie Eltern ihre eigenen Kindheitserfahrungen in die Erziehung ihrer Kinder einbauen. Sie wiederholen entweder das Muster (und verhalten sich ihren Kindern gegenüber genauso, wie sie es bei ihren Eltern erlebt haben), oder sie tun genau das Gegenteil. Eltern neigen auch dazu, ihre Erfahrungen als allgemein gültig zu sehen. Sie glauben, daß das, was bei ihnen funktioniert hat, auch bei ihren Kindern funktionieren sollte. Natürlich vergessen sie dabei zwei wichtige Tatsachen:

1. Die Zeiten haben sich geändert, seit sie aufgewachsen sind.
2. Du bist ein völlig anderer Mensch als deine Eltern.

Je mehr du über deine Eltern herausfindest, desto klarer wirst du die Gründe für ihre täglichen Sorgen und Entscheidungen erkennen. Du kannst dazu ihre Einstellung auf verschiedene Menschen, Orte und Erfahrungen zurückführen, die sie früher beeinflußt haben. Das ist wichtig aus zwei Gründen:

1. Eine gewisse Einstellung deiner Eltern, die dir Schwierigkeiten macht, wird vielleicht für dich akzeptabel, wenn dir klar ist, woher sie kommt.
2. Mit den Kenntnissen, die du erlangt hast, kannst du bessere Taktiken entwickeln, um ein besonders schwieriges Problem anzugehen.

Indem du die so erhaltenen Informationen mit den Tips zur besseren Verständigung aus diesem Buch kombinierst, kannst du deinen Eltern klarmachen, wann und wie sie ihre eigenen Erfahrungen und Vorstellungen auf dich übertragen. Natürlich ist es nicht automatisch schlecht, daß sie ihre Erfahrungen weitergeben wollen. Schließlich kannst du doch akzeptieren, daß deine Eltern dir Dinge wie Ehrlichkeit, Großzügigkeit, Freundlichkeit, Humor und Lebensfreude vermitteln wollen, oder? Die Schwierigkeiten beginnen erst dann, wenn die Vorstellungen, die für die Generation deiner Eltern durchaus gestimmt haben, unzeitgemäß auf deine Generation übertragen werden.

Wenn du nun fröhlich im Leben deiner Eltern herumkramst, vergiß nicht, wie wichtig es ist, *wie* du dabei vorgehst. Du weißt, wie sehr du es haßt, wenn sie deine Meinung und Gefühle verurteilen, wenn sie einfach das Etikett „richtig“ oder „falsch“ auf Dinge kleben, die du sagst oder fühlst. Es wäre nicht fair und würde ihnen kein gutes Beispiel geben, wenn du Informationen über sie sammelst und sie dann als Angriffsmittel benutzt.

„Sag mal Papa, als du in meinem Alter warst, bist du da viel weggegangen? Ich meine, warst du beliebt, hattest du eine Menge Freundinnen?"

„Um ehrlich zu sein, mein Sohn, ich wußte nicht einmal, was ein Mädchen war. Ich hatte keine Freunde und habe mich mit keinem Mädchen verabredet, bis ich von der Schule abgegangen bin."

„Aha! Dachte ich es mir doch! Weil du so ein Versager warst, läßt du mich auch nicht weggehen. Ich wette, du bist neidisch."

O nein! Das bringt nichts. So wird dir das alles überhaupt nichts nützen. Geh es dezenter an. Eine viel bessere Antwort wäre:

„Oje, wie hast du dich da gefühlt, Papa?"

Weiteres teilnahmsvolles Zuhören würde deinem Vater sicher guttun. Wenn er dann den Eindruck hat, daß du ihm ein gewisses Mitgefühl entgegenbringst, könntest du sagen:

„Weißt du, Papa, das finde ich wichtig, was du mir da erzählt hast. Ich frage mich nun, ob deine Gefühle von damals vielleicht etwas damit zu tun haben, wie du darauf reagierst, daß ich so viel Zeit mit meinen Freunden verbringe."

Viel besser!
Viel schlechter:

„Mama, dein Bruder starb doch, als du in meinem Alter warst. Was ist da eigentlich passiert?"

„Er war mit Freunden unterwegs, und sie haben getrunken. Sie hatten einen Autounfall, und alle fünf Freunde in dem Auto waren tot."

„Ach, jetzt ist mir alles klar. Nur weil dein Bruder so blöd war, darf ich nicht mit meinen Freunden wegfahren. Du läßt es an mir aus."

Bloß nicht!!! Die Grundidee ist nicht, dich so mit Munition zu versorgen, sondern mit Verständnis. Mit diesem Verständnis kannst du dann deinen Eltern vorsichtig klarmachen, wie ihre eigene Vergangenheit ihr Verhalten dir gegenüber beeinflußt. Wenn du dich auf sensiblem

Terrain bewegst, kannst du nicht einfach so durchs Unterholz brechen wie ein Höhlenmensch.

Sehen wir uns die letzte Unterhaltung zwischen Mutter und Tochter noch einmal an. Was wäre wohl gewesen, wenn die Tocher verständnisvoll zugehört und geantwortet hätte:

> ***„Du mußt ziemlich fertig gewesen sein."***
>
> ***„Wie ging es denn deinen Eltern damals?"***
>
> ***„Haben dich deine Eltern nach dem Tod deines Bruders anders behandelt?"***
>
> ***„Bestimmt hast du Angst, daß mir das gleiche passieren könnte."***

Merkst du den Unterschied? Die Beispiele der zweiten Version werden auf jeden Fall in die positive Richtung führen, zu Nähe, Verständnis, Anteilnahme und vielleicht auch Erleichterung. Die Mutter könnte zum ersten Mal sehen, daß sie immer noch ihre Furcht und Trauer aus dieser Kindheitstragödie mit sich herumträgt und wie das ihre Beziehung zu ihrer Tochter beeinflußt.

Du mußt eine Form des Redens und Zuhörens finden, die deinen Respekt für die Gefühle deiner Eltern ausdrückt. Wichtig dabei ist auch das richtige Timing. Wähle den passenden Moment für deine Fragen. Es hat keinen Sinn, eine Unterhaltung anzufangen, wenn der andere ärgerlich oder in Eile ist. So ist niemand irgendwelchen Fragen gegenüber aufgeschlossen. Und laß dir auch genügend Zeit zum Zuhören. Es wäre ziemlich ungünstig, ein argloses Elternteil zu fragen: „Was hast du denn über Gott und Religion gedacht, als du ein Kind warst?", um dann zwei Minuten später zu verkünden: „Tut mir leid, jetzt muß ich fernsehen."

Es bringt auch nichts, mitten in einem Streit deine Fragen zu stellen. Wenn die Gefühle so aufgewühlt sind, wird jede Frage, die du stellst, sehr verdächtig, wenn nicht sogar feindselig erscheinen. Du solltest dir überlegen, wann grundsätzlich die beste Zeit für deine Informationssammlung ist. Vielleicht fährt dich deine Mutter jeden Tag zur Schule, und das dauert zwanzig Minuten. Das wäre zum Beispiel eine gute Gelegenheit, sie auszufragen. Zum einen hast du garantiert die Möglichkeit, dich zu verdrücken („Ich würde ja gern weiterreden, aber ich muß los!"), und zum anderen wird deine Mutter sich den ganzen Tag an der herrlichen Erinnerung ihres morgendlichen Gedankenaustausches mit dir erfreuen.

Fortgeschrittene Informationssammlung

Es gibt einige spezielle Formen von Informationsarbeit, die du dir unbedingt aneignen solltest.

Nicht nur die Erfahrungen deiner Eltern während ihrer Jugend beeinflussen ihre jetzigen Gefühle, genauso wichtig sind natürlich auch ihr heutiges Leben und ihre Erwartungen für die Zukunft.

Versuche also auch herauszufinden, wie es im Augenblick in ihrem Leben läuft. Wie fühlen sie sich? Sind sie gesund? Wie geht es ihnen im Beruf? Haben sie Geldschwierigkeiten? Werden sie von Verwandten genervt? Kommen deine Mutter und dein Vater gut miteinander aus? Sind sie glücklich und zufrieden oder deprimiert? Besteht Aussicht, daß einer von ihnen befördert wird? Eine Gehaltserhöhung bekommt? Machen sie sich über deinen Bruder oder deine Schwester Sorgen?

Finde es heraus. Stell Fragen und zeige, daß dir die Antworten wichtig sind, indem du die Technik des aktiven Zuhörens anwendest (darüber lernst du mehr in Kapitel 4). Es gibt vielleicht Bereiche bei deinen Eltern, über die sie nicht sprechen wollen (du kennst das ja von dir selbst), also geh behutsam vor. Benimm dich nicht wie ein ungehobelter Schnüffler. Wenn du glaubst, daß du dich auf unsicherem Boden bewegen könntest, dann leite deine Fragen vielleicht mit folgenden Sätzen ein:

„Ich bin nicht sicher, ob ich das fragen kann, aber …"

„Es geht mich ja vielleicht nichts an, aber …"

„Macht es dir etwas aus, wenn ich dich frage, ob …"

Sie werden von deiner Rücksicht auf ihre Gefühle und Privatsphäre beeindruckt sein. Zeige ihnen auch, daß du ihre Stimmungen bemerkst:

„Liebe Güte, Papa, du scheinst heute wirklich ziemlich fertig zu sein. Ist irgendwas passiert?"

„Was ist denn los? Du siehst aus, als hättest du im Lotto gewonnen."

„Hattest du einen schlechten Tag im Büro?"

„Geht es dir gut?"

Deine Rücksichtnahme auf ihre Gefühle bringt sie vielleicht dazu, auch deine Gefühle zu akzeptieren.

Und dann gibt es noch Zeiten, in denen solltest du vielleicht …

... das andere Elternteil fragen

Eine gute Technik! Wenn du beide Elternteile hast, mußt du natürlich auch beide Kindheitserinnerungen abdecken. Die Fragen stellst du ihnen am besten getrennt. Vielleicht können sie dann freier sprechen. Es ist bestimmt interessant, was du dabei herausfindest. Du entdeckst möglicherweise den Grund für die Probleme, die sie zur Zeit miteinander haben oder warum dein Vater so streng bei manchen Dingen ist und deine Mutter wieder bei anderen. Mit dieser Information kannst du besser entscheiden, an welchen Elternteil du dich mit welchen Bitten wenden solltest.

Es mag Zeiten geben, in denen du einen bestimmten Elternteil lieber nichts fragen möchtest. Dann frag den anderen. Vielleicht kann dir dein Vater sagen, warum deine Mutter in letzter Zeit so nervös wirkt. Vergiß aber nicht, daß deine Fragen vielleicht auch zum anderen Elternteil durchsickern (du weißt ja, wie Eltern sind). Du kannst natürlich auch darum bitten, daß die Frage unter euch bleibt (ob das dann auch so gehandhabt wird, mußt du dir selbst überlegen). Du kannst aber natürlich auch die Tatsache, daß deine Frage weitererzählt wird, zu deinem Vorteil nutzen.

Dein Vater erzählt also vielleicht deiner Mutter, daß du ihn gefragt hast, warum sie so nervös ist. (Das wird er bestimmt auch tun, denn so kann er selbst erfahren, was los ist.) Es ist wahrscheinlich, daß deine Mutter sich darüber freut, daß du so besorgt um sie bist. Und vielleicht ändert sie nun ja auch ihr Verhalten. Sie hat vielleicht gar nicht gemerkt, daß sie in letzter Zeit ständig in die Luft ging wie eine Rakete.

Aber vergiß nicht, Stil ist alles. Du wirst deinen Vater nicht fragen:

> ***„Warum ist Mama in letzter Zeit so unerträglich?“***

Sondern du fragst:

> ***„Weißt du, ob Mama irgendwelche Sorgen hat? Sie ist in letzter Zeit so gereizt.“***

Verstanden? Gut!

Frag Großmutter

Oder Großvater, oder Onkel Max, oder Tante Anne. Verwandte (oder auch alte Freunde der Familie) sind oft großartige Quellen für die geheimen Jugendsünden deiner Eltern. Zum einen haben sie nicht die Verantwortung für dich, also sind sie auf deiner Seite. Dadurch sind die Informationen meistens zutreffender. Großmutter erinnert sich bestimmt noch ohne Schwierigkeiten daran, wie dein Vater damals die Garage abgefackelt hat. Die Erinnerungen deines Vaters an solch bedeutungslose Dinge mögen etwas nebelhafter sein.

Respektiere das Recht deiner Eltern auf Privatsphäre ihres gegenwärtigen Lebens. Sie möchten sicher genausowenig wie du, daß *ihre* Eltern zuviel über ihr Leben erfahren.

Mutwillige Vermutungen

Laß uns mal annehmen, du bist auf deine Eltern wegen irgend etwas sauer. Du stellst Vermutungen an, warum sie eine bestimmte Haltung einnehmen. Aufgrund dieser Annahme willst du mit ihnen streiten.

Aber woher weißt du, daß diese Vermutungen zutreffen? Vermuten nicht deine Eltern auch ständig etwas bei dir, was gar nicht zutrifft? Was ist, wenn deine Vermutungen falsch sind?

Sieh genau hin, bevor du springst. Versuche herauszufinden, was wirklich los ist. So trittst du nicht ins Fettnäpfchen, und vielleicht reagierst du ja auch ganz anders, wenn du die wahren Gründe für die Haltung deiner Eltern kennst.

> ***Dein Vater schreit dich in letzter Zeit ständig an. Du vermutest, daß er einfach schlecht gelaunt ist und es an dir ausläßt. Schon bist du bereit, den Kampf aufzunehmen und zurückzuschreien. Aber dann fragst du doch noch zuerst deine Mutter, was eigentlich los ist. Du erfährst, daß er vor kurzem beim Arzt war und dort erfahren hat, daß er einen kleinen Tumor hat. Bis die ganzen Testergebnisse kommen, weiß er nicht, ob es etwas Ernstes ist oder nicht. Er hat dir nichts davon gesagt, weil er dich nicht beunruhigen wollte, aber die Spannung, unter der er steht, kommt doch durch.***

Nachdem du jetzt weißt, unter welchem Druck er steht, bist du sicherlich eher bereit, sein Schimpfen noch eine Weile zu tolerieren. Es nicht

zu persönlich zu nehmen. Es zu ignorieren. Du weißt ja jetzt, was dahintersteckt.

Oder wie wäre es damit?

> ***Ihr Kinder habt schon seit Jahren gebettelt, einen Hund zu bekommen. Jedesmal, wenn das Thema auf den Tisch kommt, sagt deine Mutter nein. Zu viel Arbeit, zu teuer, er würde die Möbel ruinieren. Diesmal habt ihr endgültig genug. Ihr seid bereit, euch in die Sache zu verbeißen. Gerade wenn ihr loslegen wollt, um gegen diese Gemeinheit zu protestieren, nimmt dich dein Vater beiseite und erklärt dir, daß deine Mutter als Kind ziemlich schlimm von einem Hund gebissen wurde. Das ist der eigentliche Grund dafür, daß sie keinen Hund im Haus haben will.***

Aber warum hat sie dir das nicht gleich erzählt? Gute Frage. Das Problem ist, daß die Menschen nicht immer logisch handeln. Sie leugnen gewisse Gefühle, sie stellen sie anders dar, sie wollen sie nicht wahrhaben. Deiner Mutter ist vielleicht selbst nicht ganz klar, daß ihr Kindheitstrauma die eigentliche Ursache dafür ist, daß sie keinen Hund haben will. Sie glaubt möglicherweise wirklich, daß es um den Teppich und die Kosten für das Hundefutter geht. Vielleicht möchte sie ihre Ängste nicht eingestehen, weil es ihr peinlich ist.

Auch in deinem Leben gibt es einiges, was deine Eltern nicht wissen. So werden auch sie hin und wieder ihre eigenen Vermutungen anstellen, was deine Gefühle oder die Gründe für bestimmte Handlungen betreffen. Nachdem sie nicht all deine Gedanken kennen, sind ihre Vermutungen oft falsch. Dafür kann es mindestens drei Gründe geben:

1. Sie beobachten nicht sehr gut.
2. Du behältst so viel wie möglich für dich und/oder
3. du selbst kennst vielleicht gar nicht all die Kräfte und Gefühle, die in dir arbeiten.

Inzwischen weißt du, worum es beim Sammeln von Informationen geht: Du findest etwas heraus; stellst Vermutungen an; überprüfst sie; lernst deine Eltern als Menschen kennen. Wenn du die Informationen, die du erhalten hast, richtig und stilvoll benutzt, dazu die Kommunikationstechniken und Verhaltensstrategien in diesem Buch anwendest, wirst du deine Eltern bald zu reifen und verständnisvollen Menschen erzogen haben. Ist das vielleicht nichts?

Jedes Kind braucht einen Vertrauensfonds

Natürlich. Denn ohne Vertrauen würde man dir die Freiheit nicht zugestehen, selbständig wegzugehen oder etwas zu unternehmen. Wie sonst könntest du unabhängig werden? Wie sonst solltest du den Respekt und die Liebe von deinen Freunden und deiner Familie bekommen? Ein Vorrat an Vertrauen, ein Vertrauensfonds, ist notwendig für erfolgreiche Beziehungen, für das Glücklichsein und um vom Leben zu bekommen, was du willst.

Für diejenigen unter euch, die nun außer Mutter und Vater auch die Börsenmakler mit ins Nachtgebet einschließen, sollte ich vielleicht erklären, daß ich nicht über die Fonds spreche, die mit Geldgeschäften zu tun haben. Ich spreche über eine viel wertvollere Art von Fonds. Die Art, die nicht von Inflation und gierigen Verwandten beeinflußt wird. Ich spreche von der „Aber-natürlich-darfst-du-mein-Schatz-wir-vertrauen-dir"-Art von Fonds.

„Ach, *diese* Art", sagst du, und dir geht plötzlich ein Licht auf. Genau. Diese Tour kennst du, nur meistens von der entgegengesetzten Seite. Die zu elterlichen Ausrufen führt wie:

> ***„Wir sind so enttäuscht von dir. Wir haben dir vertraut, und du hast uns etwas vorgemacht."***
>
> ***„Ich glaube, wir hätten dir nicht vertrauen sollen."***

Das sitzt!

> ***„Wie konntest du nur so dumm sein? Wie können wir dir je wieder vertrauen?"***

Tödlich!

Es gibt keinen Weg, um Vertrauensfragen in deiner Familie aus dem Weg zu gehen. Du mußt deinen Eltern vertrauen, und sie müssen dir vertrauen. Probleme mit deinen Eltern drohen jedoch manchmal, das Vertrauen zu zerstören, das über Jahre hinweg aufgebaut wurde. Viele der Strategien in diesem Buch dienen dazu, das Vertrauen zu erhalten, selbst wenn die Lage angespannt ist. Uneinigkeit muß nicht zum Vertrauensbruch führen, wenn die Bedürfnisse und Gefühle aller Beteiligten mit Respekt behandelt wird. Nachdem Vertrauen das Herzstück menschlicher Beziehungen ist, sollten wir alles, was wir nur können, über diese machtvolle Kraft herausfinden.

Wir fühlen uns schnell verletzt, betrogen und wie ein Idiot, wenn jemand unser Vertrauen enttäuscht. Aber niemand ist perfekt, und vielleicht vertraust du deinem Vater genug, daß du seine Vergeßlichkeit eben als einen unabsichtlichen Fehler sehen kannst. Also geht ihr das nächste Wochenende zu dem Spiel, und alles ist wieder in Ordnung.

Alles ist in Ordnung, weil du ein tiefsitzendes Vertrauen in deinen Vater hast. Die Brücke ist stark und hält auch, wenn einer ihrer Pfeiler gelegentlich gerammt wird. Das ist gut so, denn jeder vergißt von Zeit zu Zeit etwas, verletzt Gefühle, verrät ein Geheimnis.

Schwierig wird es jedoch, wenn das Vertrauen so geschwächt ist, daß die ganze Brückenkonstruktion einfach zusammenbricht. Dann gibt es nichts mehr zu reparieren.

Du weißt, wie sich das anfühlt. Deine Eltern verbergen zum Beispiel Dinge vor dir oder bringen dich vor deinen Freunden in Verlegenheit. Sie bitten dich, ihnen zu vertrauen und insgeheim machen sie sich über dich lustig. Sie brechen ihre Versprechen anscheinend genauso schnell, wie sie sie machen. Das Fahrrad, das sie dir versprochen haben, setzen sie plötzlich als Belohnung für gute Noten aus. Sie hatten dir versprochen, daß ein Freund bei dir übernachten darf, und jetzt wird das auf einmal abgeblasen, weil sie an diesem Abend ausgehen wollen.

trust (engl.) = Vertrauen

Vertrauen ist wie eine Brücke. Es ist, idealerweise, eine starke, dauerhafte Verbindung zwischen zwei Menschen; wie ein Kabel, das den wechselseitigen Strom von positiven Gefühlen erlaubt. Vertrauen ist der Glaube in das Urteilsvermögen und die Sensibilität einer anderen Person. Durch Vertrauen können Beziehungen wachsen und sich vertiefen.

Ab und zu (bei Eltern und Teenagern ziemlich häufig) passiert etwas, was die Vertrauensbrücke gefährdet.

Dein Vater hat gesagt, er nimmt dich am Samstag zu einem Fußballspiel mit. Der Samstag ist da, und Vater geht zum Tennisspielen.

„Papa, du hast gesagt, du gehst mit mir zu dem Fußballspiel."

„Oh, du meine Güte, das habe ich völlig vergessen. Ich habe mich für heute mit den Müllers zum Tennis verabredet. Tut mir wirklich leid. Wir holen es nächste Woche nach, versprochen."

Nun, du wirst ganz sicher nicht vor Begeisterung toben. Du fühlst dich im Stich gelassen. Du hattest dich darauf gefreut. Wie konnte er es vergessen? Er macht sich eben nichts aus dir.

Wie sollst du deine Eltern mögen und respektieren, wenn du ihnen nicht vertrauen kannst? Und nachdem Vertrauen eine Fahrbahn – ich meine Brücke – mit Gegenverkehr ist, wie sollst du gewünschte Rechte und Freiheit erlangen, wenn deine Eltern *dir* nicht vertrauen.

Wie ist nun das Verhältnis der Eltern zum Vertrauen? Vertrauen ist eine Idee, die Eltern geradezu anbeten. Vertrauen ist ein Zauberwort, ein paradiesischer Zustand. Sobald du erst das gepriesene Land des elterlichen Vertrauens erreicht hast, wird sich die Welt für dich öffnen wie das Rote Meer und einen Teppich voller wunderbarer Versprechen und Privilegien vor dir ausbreiten.

Was bedeutet es, wenn deine Eltern sagen, sie vertrauen dir? Es bedeutet, du sollst

- vorsichtig sein. (Wessen Vorstellungen entsprechend?)
- Urteilsvermögen zeigen. (Auf welche Werte bezogen?)
- ehrlich sein. (Und wenn es die Gefühle der anderen verletzt?)
- Versprechen halten. (Was ist, wenn sich die Umstände ändern?)
- tun, was sie dir sagen. (Und wenn es falsch ist?)
- tun, was richtig ist. (Nach wessen Meinung?)
- tun, was moralisch ist. (In wessen Augen?)

Du siehst, wie schnell du dich hier auf sumpfigem Territorium bewegst. Vertrauen kann nicht immer uneingeschränkt sein – und doch verhalten sich Eltern so. Sie sagen: „Wir können dir nicht vertrauen", dabei meinen sie in Wirklichkeit: „Du hast dich in dieser Situation nicht so verhalten, wie wir es uns gewünscht hätten." Heißt das nun, daß sie *dir* nicht vertrauen können, oder daß sie dir nicht zutrauen, Entscheidungen zu treffen, die mit *ihren* Werten übereinstimmen?

Ich sage das hier nicht, um dir eine praktische Entschuldigung zu liefern. Schließlich verdienen die Kids den Vertrauensverlust ihrer Eltern, wenn sie sich wie durchtriebene, egoistische, feige kleine Angeber benehmen, die sich einen Teufel um die Rechte und Gefühle ihrer Eltern scheren. Aber es gibt auch Situationen, in denen die Eltern sofort die Vertrauensfrage stellen, obwohl der Streit vielleicht eher um eine Frage des Stils, der Meinung oder des Geschmacks geht und gar kein Vertrauensbruch vorliegt.

Wenn du mehr von diesem Buch gelesen hast, wirst du deine Eltern allmählich so erziehen können, daß sie nicht automatisch jeden Streitpunkt als Frage des Vertrauens ansehen. Mit deiner Hilfe werden sie ein verfeinertes Verständnis dieser komplexen Idee entwickeln.

Gehen wir doch einmal zurück in dieses dunkle Zeitalter, als du noch ein Baby warst. Aus gutem Grund ließ dir deine Mutter damals nicht viel Freiraum. Du warst so winzig, abhängig und hilflos, daß du kaum etwas anderes tun konntest als schreien und deine Windeln vollmachen.

Obwohl die Nabelschnur bei der Geburt durchtrennt wurde, gab es eine andere, unsichtbare Schnur, an der du gehalten wurdest. Jahrelang ließ man dich kaum aus den Augen. Du lagst in der Wiege, hast dich im Laufstall oder in anderen Sicherheitszonen aufgehalten.

Mit der Zeit, als du und deine Eltern reifer wurden, hat man die Schnur verlängert. Bald ließ man dich herumkrabbeln oder im Garten spielen und hat dir genug vertraut, daß du den Anweisungen deiner Eltern Folge leisten würdest, wie: „Du bleibst genau hier. Ich bin in ein paar Minuten wieder da." Nachdem bei Vierjährigen Sicherheit noch ziemlich wichtig ist, bist du auch genau dort geblieben.

Schließlich kam der große Tag, als man dir mit fünf Jahren zum ersten Mal erlaubte, die Straße allein zu überqueren. Für diesen Moment des Triumphes mußten deine Eltern dir allerdings vertrauen. Sie mußten glauben, daß du nach beiden Seiten schauen würdest, bevor du die Straße überquertest, achtsam sein und nicht träumen oder einen Ball über die Straße jagen würdest. Sie mußten darauf vertrau-

en, daß du vorsichtig sein würdest, denn nur ein einziger Fehler hätte dich in einen ziemlich häßlichen, nicht wiederzuerkennenden Fleischklumpen verwandelt. Bestimmt haben deine Eltern die ersten Male, als du die Straße allein überquertest, heimlich zugesehen, bis sie sicher waren, daß sie dir vertrauen konnten. Doch selbst dann haben sie sich immer noch Sorgen gemacht. (Das gehört zu den Dingen, die Eltern am besten können.)

Mit zunehmendem Alter haben deine Eltern dir dann mehr und mehr Vertrauen geschenkt. Dein Vertrauensfonds wuchs ständig aber sicher an. Die Regeln damals waren einfach. Vertrauen konnte gebrochen werden durch:

- Lügen,
- Betrügen,
- das Brechen eines Versprechens,
- Verletzen der Gefühle von anderen,
- unvernünftiges und unverantwortliches Handeln,
- Zeigen von geringem Urteilsvermögen,
- mutwilliges Zerstören von Dingen und/oder
- gefährliche Handlungen.

Auch wenn all diese Regeln noch einen gewissen Spielraum offenlassen, hast du die Vorhaltungen deiner Eltern wahrscheinlich verdient, wenn du ihr Vertrauen mißbraucht hast. Schließlich warst du noch ein kleines Kind.

Jetzt jedoch, in fortgeschrittenem Alter, sträubst du dich gegen die Anstrengungen deiner Eltern, dich ständig zu kontrollieren. Manchmal tust du absichtlich das Gegenteil von dem, was sie wollen, nur weil du findest, daß sie kein Recht haben, über dich zu bestimmen und dir ihre Werte aufzudrücken. Doch damit bewegst du dich auf dünnem Eis! Es ist viel einfacher, die Vertrauensbrücke zu reparieren, wenn sie nur versehentlich, durch Unaufmerksamkeit oder durch ein Mißverständnis beschädigt wurde.

Deine Eltern sagen: „Sei um elf zu Hause", aber du hättest auf einen Stapel CDs schwören können, daß sie sagten: „Sei um zwölf zu Hause." Deshalb bist du eine Stunde zu spät dran.

Du befindest dich gerade mitten im spannendsten Teil des ganzen Buches, als deine Mutter dich fragt, ob du später deine kleine Schwester zum Zahnarzt bringen kannst. „Klar", sagst

du. Aber wenn du das Buch beendet und die Tränen der Rührung über das gute Ende weggewischt hast, hast du dein Versprechen völlig vergessen und gehst zu einer Freundin.

Auch wenn Gründe wie diese den Vertrauensbruch nicht entschuldigen, erklären sie ihn doch. Für deine Eltern heißt das lediglich, daß du eben gedankenlos und leicht ablenkbar bist, aber nicht egoistisch, unfolgsam und unaufrichtig. Sicher ist das das geringere Übel.

Besser ist es jedoch, wenn du möglichst vermeidest, das in dich gesetzte Vertrauen zu enttäuschen. Es ist viel einfacher, deine Eltern zu erziehen, wenn sie dir vertrauen, weil sie dir dann mehr Freiheiten lassen. Deshalb:

Unklarheiten beseitigen!

Solltest du nun um Mitternacht *zu Hause sein,* oder um Mitternacht *die Fete verlassen*? Sagten sie, du könntest *einen Freund* einladen, wenn sie übers Wochenende weg sind, oder *einige Freunde*? Belasse es nicht bei Vermutungen. Frage!

Vielleicht willst du ja alles gar nicht so haargenau wissen, denn es ist eine bekannte Tatsache, daß Jugendliche wahre Meister darin sind, mangelnde Klarheit zu ihrem Vorteil zu nutzen. („Aber du hast nie gesagt, ich dürfte nicht!") Wenn du etwas nicht genau weißt, kannst du mit leicht schlechtem Gewissen natürlich trotzdem Dinge tun, von denen du vermutest, daß sie dir nicht erlaubt würden, wenn du genau gefragt hättest.

Auch wenn es kurzfristige Vorteile gibt, eine unklare Situation auszunutzen, werden deine Eltern dir auf lange Sicht mißtrauen. Wenn du mangelnde Klarheit gezielt einsetzt, spielst du mit dem Feuer. Du wirst viel mehr Vertrauen gewinnen, wenn du deinen Einfallsreichtum anderweitig anwendest. Aber bitte nicht bei Wortspielen.

Unterlassungssünden und Wortspiele

Die gleichen Teenager, die *Ungenauigkeit* gezielt einsetzen, damit sie bekommen, was sie wollen, sind oft genug gleichermaßen geschickt darin, sich mit Genauigkeit herauszureden. Unterlassungssünden, die mit einer allzu wörtlichen Interpretation der Muttersprache einhergehen, können nur dazu führen, daß das Vertrauen gestört wird. Also bitte keine Wortspiele!

■ Wortspiel 1:

„Billy, hast du die Garage gefegt, wie ich dich gebeten hatte?"

„Nein, Papa, habe ich nicht."

„Warum denn nicht?"

„Ich konnte den Besen nicht finden."

Puh! Du hast Glück gehabt, solange Papa nicht fragt:

„Hast du denn nach dem Besen gesucht?"

„Na ja, nicht richtig, ich meine ... ich glaube nicht."

Es hat dich erwischt. Und du wirst mehr als einen Besen brauchen, um die Scherben zusammenzukehren.

■ Wortspiel 2:

„Alice hauch mich mal an. Ist das Schnaps, was ich da rieche?"

„Schnaps?" denkt sich Alice. Ich habe *Bier* getrunken, nicht Schnaps.

„Aber nein, Mama. Du kannst unmöglich Schnaps an mir riechen."

„Na, aber ich rieche doch etwas. Warst du mit deinen Freunden unterwegs und hast getrunken?"

Alice denkt über diese neue Fragestellung nach. Hmmm, denkt sie, ich war nur bei *einer* Freundin *zu Hause*, also war ich nicht mit *Freunden unterwegs*.

„Nein, ich war nicht mit Freunden unterwegs. Also wirklich, Mama, traust du mir nicht?"

Wahrscheinlich nicht, wenn Alice solche Wortspiele mit ihrer Mutter spielt.

Mit dem Strom schwimmen

Die beste Möglichkeit, Vertrauenseinbrüche aufgrund von Fehlinformationen zu verhindern, ist zu reden und dich mit deinen Eltern immer wieder auszutauschen.

Ist es dir schon einmal passiert, daß du dich mit jemandem unterhalten hast, und ihr dabei total aneinander vorbeigeredet habt? Wenn du Glück hast wird die Unterhaltung immer eigenartiger, bis einer von euch sagt: „Heh, warte mal einen Moment, meinen wir eigentlich das gleiche?“

Bei anderen Gelegenheiten jedoch entdeckst du vielleicht das Mißverständnis überhaupt nicht, und so zieht jeder Gesprächspartner die falschen Schlüsse. Das passiert besonders oft zwischen Eltern und Kindern. Deine Eltern sehen das Ergebnis einer deiner Handlungen und ziehen sofort gewisse Schlüsse daraus. Sie nehmen vielleicht an, daß deine bewußte Entscheidung, etwas nicht zu tun, lediglich auf deine Vergeßlichkeit oder Gleichgültigkeit zurückzuführen ist. Sie nehmen an, daß ein Witz, der lediglich falsch angekommen ist, ein Zeichen deiner absichtlichen Respektlosigkeit ist. Egal, was es ist, es führt zu einer Minderung deines Vertrauensfonds.

Laß deine Eltern die Gründe wissen, warum du etwas getan oder nicht getan hast. So deckst du Mißverständnisse auf, und der Streitpunkt eskaliert zumindest nicht zur Vertrauensfrage. Streit kann es darüber immer noch geben, aber auf einer anderen Ebene läßt sich leichter damit umgehen. Wenn schon Probleme auftreten sollen, dann doch wenigstens aus dem richtigen Grund, oder?

Reparaturen an der Vertrauensbrücke

Vertrauenswürdig zu sein heißt nicht, perfekt zu sein. Du wirst *immer* wieder Fehler machen. Wenn es gut läuft, sind sie lediglich das Resultat gutartiger Irrtümer statt absichtlicher Fehltritte. Und so sollte das auch gesehen werden.

Wenn deine Vertrauensbrücke unter Beschuß steht, dann wähle die passendste Strategie oder Kombination von Strategien, um die Pfeiler zu stützen und den Schaden zu reparieren. Hier findest du sieben praktische Handgriffe:

1. Wende das aktive Zuhören an (siehe Kapitel 4), damit du die Haltung deiner Eltern verstehst. Das zeigt ihnen, daß du ihr Recht zu eigenen Gefühlen und Meinungen akzeptierst, auch wenn du vielleicht anderer Meinung bist.
2. Benutze Ich-Botschaften (siehe Kapitel 4), und teile ihnen so deine Gedanken und Gefühle mit. Das wird es ihnen leichter machen, deinen Standpunkt zu akzeptieren, auch wenn sie vielleicht anderer Meinung sind.
3. Entschuldige dich. Gib einen Fehler zu oder setze die „Du hast völlig recht“-Technik ein (siehe Kapitel 4).

4. Zeige eine Geste des guten Willens (siehe Kapitel 3). Ein Vertrauensbruch ist, als nimmt man jemand etwas weg.
5. Versuche, negative Resultate aus deiner Handlung ungeschehen zu machen. Kannst du einen Ersatz kaufen, das Alte reparieren, saubermachen, anrufen, es noch einmal versuchen? Tu alles, was du kannst, um den Schaden wiedergutzumachen.
6. Überprüfe Vermutungen! Beseitige sämtliche Unklarheiten, die zu dem Vertrauensbruch beigetragen haben könnten.
7. Wiederhole niemals die Handlung, die zum Vertrauensbruch führte.

Vertrauen ist ein Kreislauf. Je vertrauenswürdiger du bist, desto mehr Vertrauen schenkt man dir. Wenn deine Eltern daran gewöhnt sind, daß sie dir vertrauen können, dann tun sie es automatisch. Wenn deine Eltern sehen, daß du ständig das Vertrauen enttäuschst, das sie in dich setzen, erwarten sie schon nichts anderes mehr.

Wenn das Vertrauensverhältnis in deiner Familie bereits gestört ist, mußt du den Grund dafür entdecken, denn nichts wird sich ändern, so lange sich gewisse Verhaltensweisen nicht ändern.

Dabei wird dir dieses Buch helfen.

Und jetzt kommen zwei andere Zutaten in den Topf, die zum Vertrauen gehören wie Ketchup zu Pommes, nämlich Freiheit und Verantwortung.

Deine Freiheit – ihre Verantwortung

Das Wort „Verantwortung" wird so übermäßig benutzt, daß du wahrscheinlich gar nicht mehr weißt, was es bedeutet. Du weißt allerdings, daß es einer der wichtigsten Punkte auf der Tagesordnung deiner Eltern ist.

> ***„Das war sehr verantwortungslos von dir."***
>
> ***„Wie können wir dir vertrauen, wenn du so verantwortungslos bist?"***
>
> ***„Bis du etwas mehr Verantwortung zeigst, brauchst du gar nicht zu fragen, ob du an den Wochenenden länger wegbleiben darfst."***

Willst du Eltern so erziehen, daß sie dich tun lassen, was du möchtest, muß Verantwortung auch auf deiner Tagesordnung ganz obenan stehen.

Es ist nun mal eine Tatsache, an der nicht zu rütteln ist, daß deine Eltern für dich und deine Handlungen verantwortlich sind. Das mag dir nicht gefallen, genausowenig wie ihnen, aber unsere gegenwärtige Gesellschaft, das Gesetz, hat das so festgelegt.

- Wenn *du* einen Unfall verursachst, können *sie* verklagt werden.
- Wenn *du* Schule schwänzt, müssen *sie* das rechtfertigen.
- Wenn *du* die Fensterscheibe des Nachbarn zertrümmerst, müssen *sie* das bezahlen.

Natürlich bist auch manchmal du der einzig Leidtragende deiner Verantwortungslosigkeit. Wenn du deine Hausaufgaben vergessen hast, bist du derjenige, der nach der Schule noch dableiben muß. Wenn du vergißt, eine Freundin abzuholen, wie du versprochen hattest, mußt du ihren Ärger ausbaden.

Doch viele Eltern kümmern sich auch um weite Bereiche deines Lebens, die ganz allein in deiner Verantwortung bleiben könnten. Hausaufgaben zum Beispiel. Wie du in der Schule vorankommst. Wie du dich kleidest. Selbst wie du mit deinen Freunden umgehst. Das tun sie aus drei Gründen:

1. Weil sie dich lieben. Sie haben das Gefühl, daß sie dafür verantwortlich sind, daß du dich perfekt, wunderbar und verantwortungsbewußt verhältst (selbst wenn du mit Recht behaupten könntest, daß es sie nichts angeht).
2. Dein Verhalten fällt auf sie zurück.
3. In manchen Fällen werden sie gezwungen (vom Gesetz her oder wegen ihrer Liebe zu dir), die Strafe für dein verantwortungsloses Handeln zu teilen.

Sagen wir zum Beispiel, sie finden es unvernünftig, wie du mit dem Skateboard fährst. „Du bist zu rücksichtslos“, warnen sie dich. Du findest aber, daß es schließlich dein Körper, dein gebrochener Arm und allein deine Sache ist. Bei einem Unfall wirst du schließlich dafür bezahlen müssen ... aber wer sich um dich kümmern muß, das sind sie.

Es wird noch eine ganze Weile dauern, bis du völlig allein für dein Leben verantwortlich sein wirst. Spätestens mit 30 kannst du natürlich so Skateboard fahren wie du willst. Aber die nächsten Jahre mußt du noch mit der Vorstellung leben, daß deine Freiheit ihre Verantwortung ist.

Manche Kids (du gehörst sicher nicht dazu) nutzen diese Tatsache aus. Sie benehmen sich verantwortunglos und unachtsam, weil sie wissen, daß ihre Eltern sie schon herauspauken werden. Wirkliche Vorteile auf Dauer werden diese Kids daraus aber nicht ziehen.

> ***„Okay, okay. Es reicht. Ich werde verantwortungsbewußt sein und meine Freiheiten bekommen. Nächstes Kapitel!“***

Nicht so schnell. Die Vorstellung, was verantwortungsbewußtes Verhalten ist, hängt von den Vorstellungen der einzelnen Personen ab. Oft entstehen Konflikte, weil das, was du für verantwortungsbewußtes Handeln hältst nicht im entferntesten mit dem übereinstimmt, was deine Eltern meinen. Paß mal auf:

> ***Du dachtest, es sei menschliches Verhalten und ein Beweis der Freundschaft, daß du die Schule geschwänzt hast, um eine Freundin zu trösten, die gerade erfahren hat, daß sie schwanger ist. Deine Eltern (und Lehrer) hielten dies jedoch für den Ausbund an Verantwortungslosigkeit.***
>
> ***Du dachtest, es sei einen Versuch wert, alle Gläser auf dem Tablett zu stapeln, damit das Abräumen schneller geht. Als du den Scherbenhaufen zusammenkehrtest, waren deine Eltern wütend, daß du so nachlässig mit ihren Sachen umgehst.***

Nachdem die Menschen verschiedene Lebensanschauungen haben und gewisse Werte unterschiedlich hoch einschätzen, was Menschen, Besitztümer, Pünktlichkeit und so weiter betrifft, folgt daraus, daß auch du und deine Eltern verschiedene Vorstellungen von der Wichtigkeit gewisser Handlungen und Entscheidungen haben. Das ist leider so.

Was also soll ein armes, freiheitsliebendes Kind tun? Überleg einfach mal: Du kennst bereits jede Menge von Dingen, nach denen deine Eltern Verantwortungsfähigkeit beurteilen:

- Pünktlichkeit.
- Pflichtbewußtsein.
- Ordnung und Sauberkeit.
- Sorgsame Behandlung deines und fremden Eigentums.
- Vorsichtiges und umsichtiges Verhalten.
- Rücksicht auf andere.

Dein gesunder Menschenverstand sagt dir in den meisten Fällen, was unter verantwortlichem Verhalten zu verstehen ist. Folge einfach

deinem Instinkt. In dreiviertel der Fälle werden du und deine Eltern wahrscheinlich die gleiche Meinung haben. Aber was ist mit dem restlichen Viertel? Wenn du nur einmal bei vier Fällen anderer Meinung bist, bietet das jede Menge Konfliktstoff! Schon bei nur einem Blick auf die vorstehende Liste bieten sich die verschiedenartigsten Interpretationen an.

Vorsichtiges und umsichtiges Verhalten, zum Beispiel. Wodurch wird ein vernünftiges Risiko zu einem idiotischen? Wie können dein Gefühl der Unsterblichkeit und das Unheil, das im Kopf deiner Eltern hinter jeder Ecke lauert, sich in irgendeiner realistischen Weise annähern?

Wie steht es mit dem Punkt „Sorgsame Behandlung deines und fremden Eigentums“? Scheinen deine Eltern dir nicht übermäßig besorgt, was materielle Dinge angeht? (Vielleicht ja auch, weil sie dafür bezahlt haben?) Möglicherweise kommst du auf deiner Suche nach den wahren geistigen Werten ihnen wiederum verwöhnt und gleichgültig vor?

Noch einmal: Ich zeige diese Schwierigkeiten nicht auf, um dir clevere Entschuldigungen zu liefern.

> ***„Also weißt du, Mutter, ich bin nicht verantwortungslos, du denkst das nur, weil du dein überkommenes und kurzsichtiges Wertesystem im Kopf hast.“***

Nein, so wirklich nicht! Verantwortung ist etwas Reales. Man kann sie fühlen, hören, beobachten und riechen. (Wie zum Beispiel, wenn du vergessen hast, den Müll rauszubringen.) Du weißt, daß sie existiert. Denk daran, wie es wohl wäre, wenn deine Eltern plötzlich ihre Verantwortung dir gegenüber abgeben würden. Kein Essen im Haus, keine finanzielle Unterstützung, keine Fahrten irgendwohin, keine Hilfe bei den Hausaufgaben, keine Hilfe, wenn du krank bist. Die Welt würde auseinanderfallen, wenn die Menschen sich nicht verantwortungsbewußt verhielten.

Was kannst du tun, damit deine Welt nicht auseinanderfällt? Damit man dich nicht mehr so oft als verantwortungsloses Balg betrachtet? Hier sind einige Tips:

1. **Stell Dinge klar!** Versichere dich, daß du hinsichtlich existierender Grenzen, Regeln und Erwartungen das gleiche meinst wie deine Eltern.
2. **Treffe Vereinbarungen!** Schreibe die genauen Vereinbarungen über Verpflichtungen und ihre Bedingungen zwischen dir und deinen Eltern auf.

3. **Mach dir selbst einen Plan!** Das ist eine besonders gute Idee für die Träumer unter euch, die vergessen, daß sie mittwochs Klavierstunde haben und donnerstags gleich nach der Schule die Termine beim Kieferorthopäden. Wenn du natürlich so schusselig bist, daß du vergißt, auf deinen Plan zu schauen, kann man dir auch nicht helfen. Oder du mußt deine Schwester einschalten, damit sie dich dran erinnert.
4. **Wenn du Zweifel hast, überprüfe es!** Warum Schwierigkeiten riskieren, nur wegen eines Mißverständnisses? Frage, und du findest heraus, was wirklich Sache ist.

5. **Beobachte dein Verhalten!** Oft gibt es bestimmte Verhaltensmuster, was verantwortungsloses Handeln betrifft. Sei ehrlich dir selbst gegenüber. Neigst du dazu, nur in bestimmten Bereichen Mist zu bauen? Wenn ja, warum? Was passiert da? Wenn deine Termine zum Allergie-Test die einzigen sind, die du vergißt, liegt es vielleicht daran, daß du Angst vor Spritzen hast. Verstehst du? Wenn du bestimmte Verhaltensmuster entdeckst, kannst du auch Lösungen finden.

6. **Tu es JETZT!** Eine ganze Menge von verantwortungslosen Handlungen haben ihre Ursachen in der guten alten Vergeßlichkeit. Je länger du etwas aufschiebst, desto größer ist die Wahrscheinlichkeit, daß du es vergißt oder irgend etwas dich davon ablenkt. Bring es hinter dich, ob es eine lästige Pflicht, ein Telefonanruf oder eine Verabredung ist. Dir geht es viel besser, wenn nicht ständig das Damoklesschwert über dir schwebt.
7. **Greif den Stier bei den Hörnen!** Sei aktiv, denn oft treten Probleme erst auf, weil du zu faul bist oder zu gleichgültig.
8. **Sag rechtzeitig Bescheid!** Komm den Problemen zuvor, so daß du dir noch eine Lösung überlegen kannst. Wenn du zugesagt hast, am Freitag abend auf deinen kleinen Bruder aufzupassen, und plötzlich wirst du für den gleichen Abend zu einer Party eingeladen, dann warte nicht bis Freitag nachmittag, um zu verkünden, daß aus dem Babysitten nichts wird. Bring es so früh wie möglich zur Sprache. So vermeidest du, als verantwortungslos und rücksichtslos dazustehen, und du erhöhst die Chancen, daß eine Lösung gefunden werden kann.
   Auch hier ist der Stil wichtig. Du willst ja nicht den Eindruck vermitteln, daß du Verpflichtungen auf die leichte Schulter nimmst. Andererseits ist es nur normal, daß auch Unerwartetes geschieht und man darauf eingehen muß. Wenn du damit verantwortungsvoll umgehen kannst, stehst du gut da!
9. **Schwierigkeiten nur aus gutem Grund.** Wenn man dich schon wegen einer Sache als verantwortungslos bezeichnen wird, dann sollte es dir die Sache auch wert sein. Deinen Eltern sollte klarwerden, daß du eine bewußte Entscheidung getroffen hast und nicht einfach nur gedankenlos und dumm gehandelt hast. Gib zu, daß du anderer Meinung bist. Dann werden deine Eltern zumindest sagen: „Wir respektieren, daß du deinen eigenen Prinzipien gefolgt bist, aber wir finden immer noch, daß du verantwortungslos gehandelt hast."
10. **Ruf an.** Daß Eltern sich immer das Schlimmste ausmalen, wenn du nicht rechtzeitig zu Hause bist, liegt in ihrer Natur. Sie befürchten dann, du seist überfahren, vergewaltigt, entführt oder überfallen worden oder was es sonst noch alles gibt. Bis du dann zu Hause bist, haben sich deine Eltern in ihre Besorgnis um ihren kleinen Schatz so hineingesteigert, daß sie dich am liebsten umbringen würden.
    All das kannst du mit einem einzigen Telefonanruf vermeiden.

Nehmen wir an, daß du selbst an deiner Verspätung völlig unschuldig bist (Autopanne, dir war schlecht, jemand anders hat dich warten lassen), dann laß deine Eltern rechtzeitig wissen, was los ist, und sie werden dich nicht als verantwortungslos hinstellen. Deshalb mußt du dir noch lange nicht wie ein Baby vorkommen. Es heißt lediglich, daß du klug genug bist, zu wissen, was in deinem eigenen Interesse liegt. In diesem Fall ist es zufällig auch im Interesse deiner Eltern. Also ruf an!
Auch wenn du an deiner Verspätung nicht ganz unschuldig bist, wenn du zum Beispiel einfach die Zeit vergessen hast, ruf trotzdem an. Viel besser, du sagst: „Mama, ich habe ganz vergessen, wie spät es schon ist. Ich weiß, ich bin spät dran, aber ich geh jetzt los und bin in einer halben Stunde daheim“, als daß du einfach auftauchst, als ob überhaupt nichts wäre. Bis du zu Hause bist, haben sich deine Eltern sicher schon wieder einigermaßen beruhigt.

3. KAPITEL

Tricks und Tips

Die Menschheitsgeschichte ist voll von Beispielen überragender Selbstlosigkeit zum Zwecke persönlicher Vorteile. Ob nun die USA einem fremden Land einen 3-Milliarden-Dollar-Kredit gewähren oder eine Tochter das Familienauto wäscht, ohne darum gebeten worden zu sein – der Einsatz von vorsätzlicher Großzügigkeit, um das zu bekommen, was man will, ist älter als deine Eltern.

Es ist nichts Unmoralisches oder Unehrliches an den Tricks – ich meine, den Tips – in diesem Kapitel. Sie haben den Lauf der Zeit überstanden und sind erfolgreich von Millionen von Teenagern angewendet worden. Die Tatsache, daß du ein verstecktes Motiv hast, mindert nicht die Vorteile, die deine Eltern durch die Anwendung dieser Methoden haben.

Lies diese Vorschläge sorgfältig durch. Wähle diejenigen aus, die sich für deine Familie am besten eignen. Setze sie sparsam ein, denn zu häufiger Gebrauch macht selbst die schärfste Klinge stumpf.

Das genaue Timing

Wenn du ohne unangenehme Folgen erfolgreich sein willst, mußt du die feine Kunst des genauen Timings beherrschen. Deine Eltern sind sich der Wichtigkeit des Timings bereits bewußt. Weshalb sollten sie sonst dauernd sagen: „Es gibt für alles die richtige und die falsche Zeit.“?

Das Problem ist, daß sie nur das falsche Timing – die falsche Zeit – zu bemerken scheinen. Wenn du denkst, es sei Zeit für noch etwas Äktschn, denken sie, es sei Zeit fürs Heiabett. Wie dem auch sei – für dich ist es jetzt höchste Zeit, daß du erkennst, daß deine Eltern ausnahmsweise einmal recht haben. Es *gibt* für alles eine richtige und eine falsche Zeit, besonders, wenn es darum geht, etwas bei deinen Eltern zu erreichen.

Die Anzahl der „Jas“ wird steigen und die der „Neins“ sich senken, wenn du lernst, deine Fragen im richtigen Moment zu stellen.

Gute Zeiten ...

- Wenn bei deinen Eltern Zahltag ist.
- Wenn deine Eltern entspannt und gut gelaunt sind.
- Wenn du entspannt und gut gelaunt bist.
- Wenn deine Eltern allein sind und nicht davon beeinflußt werden, was ihre Freunde oder Verwandten denken.
- Wenn dein Vertrauensfonds gut gefüllt ist.
- Wenn du Verantwortung bewiesen und dich gut benommen hast und in den Augen deiner Eltern eine Belohnung verdienst.

... schlechte Zeiten

- Siehe oben, nur umgekehrt.

Nur du weißt, wann in deiner Familie der beste Zeitpunkt ist für irgendwelche Bitten. Vielleicht vor dem Essen, vielleicht nach dem Essen. Oder während eines faulen, erholsamen Wochenendes. Kümmere dich um deine Informationssammlung, damit du weißt, wann deine Eltern am besten ansprechbar sind.

Anmerkung für fortgeschrittene Zeitspäher

Die Besonderheiten deiner Familie erlauben vielleicht auch Ausnahmen zu den oben genannten Regeln. Zwar ist ein abgelenktes, unter Streß stehendes Elternteil grundsätzlich ein schlechtes Ziel für eine Bitte. Zu oft lautet die Antwort „nein", nur um es vom Tisch zu haben. Vielleicht neigen deine Eltern aber eher unter Druck dazu, „ja" zu sagen, um das Problem vom Tisch zu haben. Wenn das so ist, nutze es aus – aber vorsichtig!

Ähnlich verhält es sich mit Bitten vor anderen Erwachsenen. Wenn du deine Eltern und ihre Freunde gut genug kennst, mag es unter Umständen auch von Vorteil sein, eine Bitte vor den anderen zu äußern. Deine Eltern antworten dann vielleicht sogar großzügiger. Gruppenzwang, du weißt schon.

Was? Ich soll mich entschuldigen?

Es gibt drei Grundtypen der Entschuldigung: die vorher, die währenddessen und die danach.

Die Vorher-Entschuldigung wird am besten eingesetzt, wenn du die Probleme schon kommen siehst. Der Trick dabei ist, deinen Eltern den Wind aus den Segeln zu nehmen, indem du das Problem als erster ansprichst.

„Papa, kann ich mit dir reden?" (Immer ein guter Einstieg. Gibt Papa das Gefühl, daß du weißt, daß er existiert.)

„Sicher. Worum geht es?"

„Du weißt doch, daß du mir den Taschenrechner geliehen hast?"

„Ja."

„Es tut mir wirklich leid, aber ich habe ihn dummerweise im Bus liegengelassen. Ich bin gleich umgekehrt, um ihn wiederzubekommen, aber er war weg. Es tut mir wirklich leid. Ich besorge dir einen neuen."

„Ach, nicht so schlimm. Es war sowieso nur ein Werbegeschenk. Ich bekomme bestimmt bald wieder mal einen."

„Puh. Ich habe mir wirklich Vorwürfe gemacht. Tut mir echt leid."

„Ist schon in Ordnung. Gut, daß du es mir gleich gesagt hast."

Vergleiche das mal mit der üblicheren Szene.

„Oh, meine Güte, ich hab den Taschenrechner meines Vater verloren. Er wird mich umbringen, wenn er es erfährt. Hoffentlich vergißt er, daß er ihn mir gegeben hat."

Einige Tage vergehen ...

„Timmy, wo ist mein Taschenrechner? Ich brauche ihn sofort."

„Äh, Papa, ich ... äh ..."

„Was ist damit?"

„Ich ... na ja, ich habe ihn irgendwie verloren."

„Was hast du?!? Wie konntest du ihn verlieren?"

„Na ja, es ist einfach passiert, ich wollte nicht ..."

„Du bist so verantwortungslos! Kannst du nicht wenigstens einmal auf anderer Leute Eigentum aufpassen? Das ist das letztemal, daß ich dir irgend etwas geliehen habe."

„Es tut mir leid, Papa, wirklich."

„Es tut dir leid? Ach! Dafür ist es etwas spät."

Ja, das ist es auch. Hätte es Timmy einige Tage früher leid getan, hätte dieses Gespräch wahrscheinlich vermieden werden können.

Die Währenddessen-Entschuldigung wird im allgemeinen nicht zu gern gehört, aber sie kann vielleicht noch das Schlimmste verhindern. Beachte die Dramatik in dieser Form der Entschuldigung:

„Junges Fräulein, es ist zwei Uhr morgens. Wo warst du? Wir hatten um Mitternacht ausgemacht."

„Ich weiß, aber im Kino hatten sie die Filmrollen verwechselt. Deshalb ist es später geworden, und wir haben den letzten Bus verpaßt und mußten laufen."

„Laufen!! Du bist zu Fuß nach Hause gegangen? In der Nacht? Weißt du nicht, wie gefährlich das ist? Warum hast du nicht angerufen?"

„Ich wollte euch nicht wecken."

„Uns wecken? Wie hätten wir schlafen können, wo wir uns solche Sorgen gemacht haben."

„Es tut mir leid. Ich wollte euch keine Sorgen machen. Das nächste Mal rufe ich bestimmt an."

„Das nächste Mal? Ich weiß nicht, ob es ein nächstes Mal geben wird. Solange du nicht mehr Verantwortungsgefühl zeigst ..."

„Wirklich, Papa, es tut mir leid. Ich habe nicht nachgedacht."

„Na gut. Es ist spät, und wir sollten beide schlafengehen. Ich wünschte nur, du würdest etwas mehr nachdenken ..."

Papa wird vielleicht noch eine Weile weiterschimpfen, aber du hast es geschafft, ihm den Wind aus den Segeln zu nehmen. Hättest du ihm keine Entschuldigung angeboten, ginge der Streit immer noch weiter. Das beste, was du mitten in einer Krise tun kannst, ist cool zu bleiben und deine Entschuldigung zu wiederholen. Das ist ganz bestimmt *nicht* die richtige Zeit, zu argumentieren und einen Streit anzufangen. Es ist auch *nicht* die richtige Zeit, die Schuld ausschließlich auf das Kino, das Busunternehmen oder die Telefongesellschaft zu schieben, weil sie Geld, das du nicht hattest, für ein Telefongespräch verlangt. Und es ist ganz bestimmt nicht die Zeit, deinem Vater die Schuld zuzuschieben. Irgendwie habe ich das dumpfe Gefühl, daß er es nicht so gern hören würde, wenn du sagtest: „Wenn ich nicht so früh zu Hause sein müßte, wäre ich auch nicht zu spät, und wir würden uns auch nicht streiten."

Schließlich kommen wir zur Krönung aller Entschuldigungen – der Danach-Entschuldigung. Wie Honig tropft sie auf die gärenden Wunden geschehenen Unrechts. Und so mußt du sie einsetzen:

Das Schlimmste ist schon überstanden. Du hattest an diesem Morgen einen furchtbaren Streit mit deiner Mutter. Du bist aus dem Auto ausgestiegen und hast die Tür hinter dir zugeknallt. Du kannst dich nicht einmal mehr erinnern, worum es ging. Sie hat wahrscheinlich eine dieser Bemerkungen gemacht, die sich zwischen elterlicher Besorgnis und elterlichem Einmischen bewegen, und du warst widerborstig und hast ziemlich heftig zurückgeballert.

Es ist Spätnachmittag, Mama ist von der Arbeit zurück. Es ist genug Zeit vergangen, daß du dich beruhigen konntest und der Ärger deiner Mutter sich in philosophische mütterliche Abgeklärtheit verwandelt hat.

„Na ja", seufzt sie für sich, „niemand hat behauptet, die Jugend wäre einfach. Vielleicht hätte ich ihn nicht so kritisieren sollen."

Jetzt ist der Moment da, in dem du das Heu einfahren kannst – gleich jetzt, solange die Sonne noch scheint.

„Mama", sagst du sanft, „es tut mir leid wegen heute morgen."

Deine Mutter dreht sich um, etwas überrascht über die unerwartete Entschuldigung, und es durchströmt sie die Wärme mütterlicher Vergebung.

„Also weißt du, Richard", lächelt sie und kommt herüber, um dich fest zu umarmen, „das ist lieb von dir. Mir tut es auch leid."

Statt dem jähzornigen, unverschämten Kind vom Morgen bist du jetzt in den Augen deiner Mutter der Sonnenschein. Deine Entschuldigung bedeutet, daß du über die Dinge nachgedacht hast. Deine Mutter entdeckt in dir eine Reife und Sensibilität, die ihr Herz vor Freude springen läßt. Es ist besser, sich gestritten und entschuldigt zu haben, als sich nie gestritten zu haben.

Beinahe.

Andererseits könntest du denken: „Warum sollte ich sagen, daß es mir leid tut? Es tut mir nicht leid! Sie hat damit angefangen! Sie hat es verdient!" Hier kommt die Vielfalt der Sprache ins Spiel. Beachte, daß unser junger Mann lediglich sagt: „Mama, es tut mir leid wegen heute morgen." Während Mama von der Entschuldigung hin und weg ist, erklärt er nie richtig, warum es ihm leid tut. Wegen seines Verhaltens? Was er gesagt hat? Die Tatsache, daß seine Gefühle verletzt wurden? Daß seine Mutter sich geärgert hat? Daß es überhaupt passiert ist? Oder tat es ihm leid, daß der Morgen so grau und verregnet war?

Wir wissen es nicht, und so wie es aussieht, ist es auch egal. Der Punkt ist, daß die Entschuldigung so ausgedrückt werden kann, daß sie für beide Teile akzeptabel ist. Wir alle hassen es, uns für etwas entschuldigen zu müssen, was uns gar nicht leid tut. Die Lösung ist, etwas zu finden, was dir leid tut, und sich darauf zu konzentrieren.

Es ist sogar erlaubt, daß du während der Entschuldigung in deinem Kopf etwas hinzufügst:

„Mama, es tut mir wirklich leid, daß ich dich heute morgen so verärgert habe." (Obwohl ich recht hatte, mit dem, was ich sagte.)

„Mama, es tut mir leid, daß wir uns gestritten haben." (Obwohl du angefangen hast.)

„Mama, das von heute morgen tut mir wirklich leid." (Weil es mir natürlich wieder den ganzen Tag verdorben hat.)

Klug wie du bist, und angenommen, daß du Kapitel 2 gelesen hast, fragst du dich nun wahrscheinlich: „Warte mal einen Moment ... heißt das denn nicht, Wortspielchen zu betreiben?" Nein. Du sagst die Wahrheit. Dir *tut* es tatsächlich leid, daß ihr euch gestritten habt. Bei Wortspielchen ist das eigentliche Ziel, deine Eltern zu täuschen, damit du keinen Ärger kriegst. Hier ist dein Ziel, deine Mutter wieder gut gelaunt zu stimmen. Was sie hört, ist eine Entschuldigung, und darauf kommt es an.

Sei vorsichtig bei deinen Entschuldigungen. Durch übermäßige Benutzung machst du diese Technik wertlos. Du willst doch nicht den Eindruck erwecken, daß du es ganz okay findest, Mist zu bauen, solange du dich hinterher entschuldigst. Reduziere die Anlässe, weswegen du dich entschuldigen mußt, damit du dieses Mittel auch weiterhin einsetzen kannst.

Gesten des guten Willens

Guten Willen zu zeigen ist nur dann effektiv (und ehrlich), wenn du keine Gegenleistung erwartest. Wenn du deinen Eltern etwas Gutes tust, ist es, als ob du auf ein Sparbuch einzahlst, auf das du später, wenn du etwas brauchst, zurückgreifen kannst.

Wie genau zeigt man denn guten Willen? Ganz einfach – indem man völlig unerwartet etwas tut, was nicht zu den normalen Verpflichtungen gehört. Das schließt meine Lieblingstechnik ein – das Hilfsangebot. Eltern *lieben* Hilfsangebote ihrer Kinder und freuen sich oft so über die spontane Geste, daß sie deine Hilfe zurückweisen, um dich dadurch zu belohnen.

„Du, Mama", sagst du, während du schon auf dem Weg zur Tür bist.

(Pause)

„Soll ich dir noch mit dem Abwasch helfen, bevor ich gehe?"

„Das ist lieb von dir. Ich bin schon fast fertig, aber trotzdem vielen Dank. Geh du nur."

„In Ordnung. Wiedersehen, Mama."

Dieses Mal lief es genau nach Plan. Du mußt jedoch auch darauf gefaßt sein, daß dein Angebot angenommen wird. Gutes Timing ist hier vonnöten. Hast du gemerkt, daß bei diesem Beispiel Mama schon fast fertig war? Hätte sie geantwortet: „Ja, ich könnte noch etwas Hilfe gebrauchen", hättest du den Abwasch rasch erledigt und wärst trotzdem noch rechtzeitig weggekommen.

Denke daran: Ein Zeichen des guten Willens, dem sofort eine Bitte folgt, ist nicht großzügig. Es ist schäbig. Nachdem sicher viele von euch mit dieser Technik nicht so vertraut sind, hier vier Tips, die euch schnell in Bestform bringen:

1. **Konzentriere** dich auf das Image, das du in den Augen deiner Eltern von dir schaffen willst: ein Bild von selbstloser Kooperation, fröhlicher Uneigennützigkeit und uneingeschränkter Beteiligung an familiären Verpflichtungen.
2. **Sieh** dich um, welche Bedürfnisse bestehen, und erfülle sie. Der Abwasch muß erledigt werden, die Hunde müssen gebadet, die Wäsche zusammengelegt und der Teppich gesaugt werden.
3. **Hör** zu, wenn Bedürfnisse geäußert werden, und erfülle sie. Dann bekommst du nicht nur Punkte für die Geste des guten Willens, sondern du hast noch zusätzliche Punkte gut, weil deine Eltern sich darüber freuen, daß du ihnen tatsächlich zuhörst. Das gibt ihnen die Bestätigung, die alle Eltern dann und wann brauchen.

„Ich weiß nicht, wo ich die Zeit hernehmen soll, den Rasen zu mähen", murrt dein Vater eines Tages.

Schnell, hier ist dein Einsatz.

Oder du hörst zufällig, wie deine Mutter zu deiner kleinen Schwester sagt: „Jenny, ich habe dir doch gesagt, sobald ich einen Nachmittag freihabe, gehe ich mit dir einkaufen."

Das ist dein Auftritt.

„Ich kann doch mit ihr gehen, Mama."

Bravo!

4. **Stell** eine Liste zusammen, auf die du zurückgreifen kannst, wenn dir gerade mal nichts einfallen will, deinen guten Willen zu zeigen. Manche Gefälligkeiten sind fast immer willkommen (aber vergiß nicht, daß sie nicht zu deinen normalen Pflichten gehören dürfen):

- Wasche das Familienauto. (Es könnte eines Tages deines sein.)
- Erledige Extra-Gartenarbeit.
- Wie steht's mit Staubsaugen und Bodenwischen?
- Spiel mit der kleinen Schwester/dem kleinen Bruder. Halte sie Mama und Papa vom Leibe.
- Schreib den Großeltern einen Brief. (Auch wenn das kein direktes Zeichen des guten Willen ist, wird es deinen Eltern trotzdem guttun, wenn Opa oder Oma sie anrufen und davon schwärmen, wie wunderbar du bist und wie wunderbar sie dich doch erzogen haben, nachdem du so wunderbare Briefe schreiben kannst. – Falls du es noch nicht gemerkt hast, das ist ein unheimlich guter Tip.)

- Hilf bei der Wäsche.
- Stell einen ganzen Tag lang deinen CD-Player lediglich auf Zimmerlautstärke.

Diese Liste kann noch beliebig weitergeführt werden, aber ich vermute, daß einige unter euch bei dieser plötzlichen Überdosis von Gefälligkeiten langsam ein leichtes Unwohlsein beschleicht.

Frühstück ans Bett

Diese Geste des guten Willens verdient ganz besondere Aufmerksamkeit. Von jeher stellt ein Frühstück im Bett (Kurzform: FIB) die luxuriöse Krönung einer zivilisierten Lebensform dar, die alle Eltern ersehnen und die meisten niemals erfahren dürfen.

Es liegt in der Natur des FIB, daß es ein Wochenendphänomen ist. Nur dann können Eltern länger im Bett bleiben und den Luxus des Ausschlafens genießen. Das erkärt auch, warum das FIB so selten zu finden ist. Wie viele Teenager stehen denn an den Wochenenden schon vor dem Mittagessen auf? Nichtsdestotrotz, laß dir diese Gelegenheit nicht entgehen, selbst wenn du dir dann den Wecker auf die unchristliche Stunde von zehn Uhr morgens stellen mußt.

„Aber ich kann nicht kochen“, höre ich dich sagen. Kein Problem! Der Sinn des FIB liegt darin, deine Eltern mit ungewohntem Luxus zu umgeben. – Frisch gepreßter Orangensaft zum Beispiel. Orangen auspressen kannst du doch wohl, oder? Und einkaufen kannst du auch. Gut. Konzentriere dich auf Besonderheiten. Kaufe frische Erdbeeren. Und Sahne. Und vielleicht eine Honigmelone oder ein paar frische Feigen. Und den Herd kannst du ja wohl auch anschalten, oder? Großartig. Back einige Croissants auf. Serviere sie mit Butter oder Marmelade. Entwerfe eine Platte mit Frischkäse, Gurken, Tomaten und frischen Kräutern. Du kochst nicht, du schaffst genießbare Kunstwerke.

Benutze das beste Geschirr, das Tafelsilber für besondere Anlässe und Stoffservietten, wenn du sie finden kannst. Dies zeigt deinen Eltern, wie hoch du sie einschätzt. Wenn sie nach Luft schnappen und fast in Ohnmacht fallen, sobald sie die seit Generationen im Familienbesitz befindliche Teekanne auf dem Tablett stehen sehen, kannst du sie leicht beruhigen. Lächle unschuldig und sage: „Nur das Beste für meine Liebsten!“

Es ist ja wohl selbstverständlich – und das sollte deinen Anspruch auf einen Heiligenschein nur unterstützen –, daß das Aufräumen und

der Abwasch auch dazu gehören. Die meisten Eltern werden es sich jedoch nicht nehmen lassen, dies selbst zu erledigen. Es ist eine Möglichkeit, sich zu revanchieren, wobei sie dabei sicher auch die Unversehrtheit der Teekanne im Kopf haben.

Zur Krönung besorge noch die Sonntagszeitung, leg ihre Lieblingsplatte auf, und laß die beiden allein. (Auf diese Weise können sie dich ungestört loben und das tun, was immer Eltern an den sonntäglichen Vormittagen im Bett tun.)

Ein freier Tag für die Eltern

Erkläre deinen Eltern, daß du ihnen einen Tag freigibst. Falls das aber deine Gutmütigkeit überstrapaziert, wie wäre es dann wenigstens mit einem freien Abend oder einem halben Tag? In dieser Zeit hast du dich dann natürlich um all die Pflichten zu kümmern, die sie sonst übernehmen: kochen, Windeln der Geschwister wechseln, saubermachen, einkaufen, was auch immer. Das gibt den Eltern die Gelegenheit, einmal zu lesen, auszuschlafen, ins Kino oder Essen zu gehen und davon zu schwärmen, was du doch für ein gutes Kind bist. Je mehr Zeit du ihnen läßt, desto mehr Zeit haben sie zum Schwärmen.

Kleine Geschenke erhalten die Freundschaft

Du kannst deinen Eltern deine innige Zuneigung auch durch ein kleines Geschenk zeigen. Vergiß dabei nicht die Grundregel des Schenkens: Du darfst nicht unmittelbar danach um etwas bitten. Erst wenn du dich lange genug als selbstlos und liebevoll eingeführt hast, kannst du beides vielleicht einmal miteinander verbinden. Dann ist es eben lediglich ein zufälliges Zusammentreffen und nicht unbedingt eine Bestechung.

Du weißt am besten, was deine Eltern gerne hätten. Es mag ein Werkzeug sein, ein Buch, eine CD, eine Pfeife oder ein Schal. Bei Parfüm mußt du vorsichtig sein, wenn du nicht genau weißt, welche Duftnote gewünscht ist.

Blumen kann man gar nicht genug schenken. Jeder liebt Blumen. Kaufe Blumen, schicke Blumen. Kein Geld? Kein Problem. Pflücke Blumen auf der Wiese. (Mit Wiese meine ich aber nicht den Garten eures Nachbarn.)

Wenn du a) keine gekauften Geschenke magst oder b) knapp bei Kasse bist oder c) zu geizig bist, kannst du immer noch selbst etwas basteln. Eltern lieben die handgefertigten Produkte ihrer Kinder. Mach einen Blumenkasten, einen Satz Untersetzer, ein Mobile. Aber mach keine Unordnung.

Etwas Gemaltes oder Geschriebenes ist auch immer beliebt. Wenn dir nichts anderes einfällt, schreib auf eine Karte: „Mama und Papa, ihr seid die Besten!“ Mit einem handgeschriebenen Ausdruck deiner Gefühle liegst du nie falsch. Wenn du kannst, schreib ein Gedicht.

Rosen, Tulpen, Nelken,
alle drei verwelken,
doch weil ihr die besten Eltern seid,
geht es mir gut zu jeder Zeit.

Oder wie wäre es damit:

Hab Sonne im Herzen,
ob's stürmt oder schneit,
ach glaub mir, liebste Mama,
unser Streit tut mir so leid.

Laß dir Zeit. In dreißig Jahren wird deine Mutter immer noch ein paar Tränen verdrücken, wenn sie deine vergilbte Karte aus ihrem

Schmuckkästchen holt und sich an ihr phantasievolles, liebevolles kleines Kind erinnert. Woran sie sich nicht mehr erinnern wird, ist deine Bitte nach einem neuen Sweatshirt, mit der du einige Tage später herausgerückt bist.

Geschwister als Verstärkung

Sicher müssen Geschwister noch einen anderen Zweck im Leben haben als pure Nervtötung. (Wo wäre das eine Lottchen ohne das andere geblieben?) – Das geschickte Einsetzen von Geschwistern ist eine echte Herausforderung in der Elternerziehung.

Geschwister als Schulter zum Ausheulen

Manchmal mußt du einfach etwas loswerden. Anstatt dich wieder einmal mit deinen Eltern anzulegen, laß deine Schimpfkanonade bei einem verständnisvollen Geschwisterteil los. Danach geht es dir schon wieder besser, ohne daß du Porzellan zerbrochen hast.

Geschwister als Geheimagenten

Hier meine ich keine verdeckten Ermittlungen. Du wirst deine kleine Schwester nicht dazu anstiften, durchs Schlüsselloch zu spähen oder Schubladen zu durchwühlen. Das kannst du schließlich selbst tun. Ich meine offene Ermittlungen.

Die große oder die kleine Schwester könnte als Unterhändlerin auftreten. Vielleicht bist du auf dein Zimmer geschickt worden und weißt nicht, wann du gefahrfrei wieder auf der Bildfläche erscheinen kannst. Hier kann deine Schwester sich unter den Feind mischen und herausfinden, ob sich die Wellen inzwischen gelegt haben, und dir Informationen bringen, die dir bei einer eventuellen Entschuldigung hilfreich sein können.

Weitere Tips

Schnief! Schluchz!

Sehr wirkungsvoll. Am besten natürlich, wenn du eher selten vor anderen weinst. (Wenn du allein bist und weinst, ist das etwas ganz anderes. Das kannst und solltest du tun, wann immer dir danach zumute ist.)

Das Geheimnis des kreativen Weinens ist folgendes: Du mußt es so aussehen lassen, als würdest du versuchen, nicht zu weinen. Und dann überkommen dich die Tränen doch. Während du vom Verstand her durchaus das „Nein“ deiner Eltern akzeptierst, ist deine arme Seele doch zutiefst enttäuscht und aufgewühlt. Aber du willst natürlich deine Eltern nicht beunruhigen, indem du sie wissen läßt, wie tief dein Schmerz wirklich ist. (Eigentlich schon, aber so darf es eben nicht aussehen.) Also:

- Schau sie aus großen Augen an, wie ein süßes Schoßhündchen.
- Blick dem ablehnenden Elternteil direkt in die Augen.
- Laß genau so viele Tränen in deine Augen steigen, daß deine Eltern deinen Schmerz ahnen.
- Wenn du dich nicht länger beherrschen kannst (oder die Sache schnell hinter dich bringen möchtest, weil du noch mit einem Freund verabredet bist), laß eine Träne über deine zarte Kinderwange rinnen.
- Wenn du sicher bist, daß sie bemerkt wurde, wische sie rasch fort, als ob du nicht wolltest, daß jemand sie sieht. Produziere sofort zwei weitere Tränen, diesmal eine aus jedem Auge. Ein leichtes Schniefen ist nie verkehrt.
- Die Wahrscheinlichkeit ist hoch, daß dein Leid, solange es unbeabsichtigt wirkt, deine Eltern versöhnlicher stimmt. Das Wichtigste ist, daß es so aussieht, als wolltest du sie unter keinen Umständen das Ausmaß deines Schmerzes wissen lassen.

ACHTUNG: Vermeide übertriebenes, lautes Schluchzen und größere Tränenausbrüche. Das könnten deine Eltern als pubertäre Überempfindlichkeit abtun. Die kleine Träne ist viel wirkungsvoller.

Spaß in der Familie

Das muß sich nicht unbedingt ausschließen. Sieh es mal so: Du und deine Eltern, ihr seid den ganzen Tag beschäftigt. Du hast Schule, Sport, Hausaufgaben, Pflichten. Sie müssen arbeiten, haben Termine und Verpflichtungen. Wieviel Zeit bleibt übrig, die du und deine Eltern zusammen verbringen? Ich höre dich schon sagen: „fast keine", oder „praktisch null".

Und wie verbringt ihr diese wenige Zeit miteinander? Mit streiten, nörgeln, kritisieren?

Familien sollten auch ein wenig Spaß zusammen haben. Ich weiß, daß es bestimmt nicht deiner Vorstellung von Spaß entspricht, den Samstagabend mit deiner Familie zu verbringen. Das ist in Ordnung. Meine Vorstellung ist das auch nicht. Was ich meine, ist das Ausnützen der positiven Momente in deiner Familie.

Auch wenn es nur für eine Viertelstunde täglich ist, versuche, mit deinen Eltern etwas Vergnügliches zu unternehmen. Tu etwas, was euch allen Spaß macht. Es kann etwas Besonderes sein oder etwas ganz Normales, das ihr zum Besonderen macht. Wähle etwas aus, das auf jeden Fall keine bestehenden Konflikte weckt. Macht keinen Ausflug im Auto, wenn dich die Art, wie dein Vater das Auto fährt, wahnsinnig macht. Spielt nicht Karten, wenn du nicht verlieren kannst. (Oder wenn dein Vater nicht verlieren kann.) Such nach etwas Neutralem, was dir und ihnen gefällt.

- Spielt Tischtennis.
- Geht zusammen spazieren.
- Backt gemeinsam einen Kuchen.
- Spielt ein Gesellschaftsspiel.
- Geht Kanu fahren.
- Seht euch zusammen ein Video an.
- Geht Eis essen.

Gut eingesetzte Familienzeit ist hilfreich, denn:

- Das zeigt, daß ihr auch Zeit miteinander verbringen könnt, ohne zu streiten.
- Es ist wahrscheinlich, daß ihr gute Seiten an euch entdeckt.
- Jede erfolgreiche Unternehmung löst positive Gefühle aus, so daß der negative Kreislauf unterbrochen ist.

ACHTUNG: Familienferien stehen auf einem ganz anderen Blatt

Papier. Wenn du eine ganze Woche mit deiner Familie verbringen kannst und ihr dennoch eine gute Zeit miteinander habt – um so besser. Tut es, so oft ihr könnt. Für viele Familien jedoch sind die Ferien schrecklich. Die Spannungen verstärken sich, sobald all die unrealistischen Erwartungen nicht in Erfüllung gehen. Neugierige Verwandte und die fehlende Privatsphäre, weil man in fremder Umgebung so eng aufeinandersitzt, lassen die Fehler der anderen viel größer erscheinen. Gegen Ende der Ferien hat sich die geplante Woche Spaß in einen Alptraum verwandelt, in dem ihr euch nur noch tierisch auf die Nerven geht.

Wenn dir das bekannt vorkommt, findest du nachfolgend einige Ideen, die bei den nächsten Ferien vielleicht hilfreich sein könnten:

- Nimm einen guten Freund mit. Dir geht es besser, und die Reibung in der Familie wird vermindert.
- Setze als vorbeugende Maßnahme verstärkt Gesten des guten Willens ein.
- Nimm genügend Sachen mit, mit denen du dich gern beschäftigst: Bücher, Zeitschriften, Kassetten, Musikinstrumente oder Spiele.
- Plane die Ferientage so, daß du und deine Eltern auch genügend Zeit zur eigenen freien Verfügung habt.
- Setzt euch vor der Abreise zusammen, um eventuelle Probleme schon im voraus anzusprechen (siehe Kapitel 5).
- Schlage getrennte Ferien vor.

Eltern loben

Wie bei der Erziehung von Kleinkindern ist auch bei der Erziehung von Eltern das Lob ein wesentliches Hilfsmittel, und zwar aus zwei Gründen:

1. Du stärkst das Selbstvertrauen deiner Eltern. Sie sind selbstbewußter in ihrem Verhalten, und wie wir alle wissen, sind selbstbewußte Eltern glückliche Eltern. Und glückliche Eltern streiten weniger mit ihren Kindern.
2. Lob ist eine Form positiver Bestärkung für willkommenes Verhalten. Studien anhand von Mäusen, Hunden oder Eltern haben gezeigt, daß man ein Wesen am besten dazu veranlassen kann, ein bestimmtes Verhalten zu wiederholen, indem man unmittelbar nach dem gewünschten Verhalten eine Belohnung verabreicht.

Wenn deine Eltern etwas tun, was dir gefällt, laß es sie sofort wissen. Lobe sie. Sie werden dann dieses Verhalten viel eher wiederholen.

Schreib ein Briefchen

Erklärungen, Entschuldigungen oder ein Lob sind in einem Briefchen bestens untergebracht. Jeder bekommt gern Post, und kleine Briefchen im Haus sind Expreßpost, versiegelt mit einem Kuß.

Warum funktioniert das so gut?

1. Kleine Briefchen von ihren Kindern treffen Eltern an ihrer weichen Stelle. Ein Briefchen bedeutet, du denkst an sie. Es bedeutet, du „sprichst" mit ihnen (und du weißt, wie gern Eltern miteinbezogen werden.) Ein Briefchen rührt die Eltern an, es erinnert sie daran, wie sehr ihr kleines Baby gewachsen ist – erst gestern noch hast du in den Windeln gelegen, und jetzt schreibst du ihnen schon.
2. Etwas Handschriftliches ist, wie ein Diamant, unvergänglich. Während das gesprochene Wort in der Luft verhallt, lebt das geschriebene Wort weiter. Es hat Macht und ist stärker gegenwärtig als die bloße Betätigung von Stimmbändern.
3. Ein Briefchen schafft Zeit und Distanz für den Absender wie auch für den Empfänger. In der Hitze eines Streits sagen wir Dinge, die wir nicht so meinen, und meinen Dinge, die wir nicht sagen. Mit einer schriftlichen Nachricht kannst du dir die Zeit nehmen, genau zu sagen, was du empfindest. Du kannst deinen Standpunkt, deine Motivation und Gefühle sorgfältig darlegen.
4. Eine schriftliche Nachricht verlangt (höflicherweise) eine Antwort vom Empfänger. Die Antwort bewegt sich normalerweise auf der gleichen Ebene wie die schriftliche Nachricht. Das gibt dir wiederum mehr Einfluß. Du entscheidest, wie die Sache ausgetragen wird.

Wann schreibst du?

- Schreibe, wenn du zu ängstlich, ärgerlich, verlegen und/oder verwirrt bist, um das zu sagen, was dich beschäftigt.
- Schreibe, wenn du die Macht der Feder nutzen willst, um dem, was du zu sagen hast, größeres Gewicht zu verleihen.

Es gibt viel zu viele Arten von schriftlichen Nachrichten, um sie hier alle zu behandeln. Es gibt Erklärungsbriefchen, Fragebriefchen und Entschuldigungsbriefchen. Es gibt Lobbriefchen, Liebesbriefchen, Dankesbriefchen und Erinnerungsbriefchen und …

> ***Lieber Papa,***
> ***ich wollte nur sagen, daß ich Dich wirklich großartig finde!!! Es war sehr wichtig für mich, daß Du mich nicht vor meinen Freunden niedergemacht hast, obwohl Du sauer warst. Danke, daß Du gewartet hast, bis wir zu Hause waren. Ich wollte auch erklären, weshalb ich mich so aufgeführt habe, als …***

Rührselig? Aber natürlich. Doch Eltern werden gern rührselig. Also rühre sie, und sie lieben dich.

- Nutze diesen Weg, um deutlich und respektvoll zu erklären, warum du glaubst, daß deine Eltern im Unrecht sind. (Vergiß nicht, daß der Stil wichtig ist.)
- Wenn ihr gerade erst einen Riesenstreit hattet, warte, bis der Rauch verflogen ist. Wenn jeder sich dann auf sein Zimmer verzogen hat, schieb einen Zettel unter ihrer Tür hindurch.

Früher oder später wirst du

- umarmt und geliebt werden für deine Entschuldigung.
- umarmt und geliebt werden für dein Einlenken.
- umarmt und geliebt werden für deine gut durchdachte Erklärung.
- umarmt und geliebt werden, weil du dir genug aus ihnen machst, um das Allerbeste einzusetzen – dich selbst.

Jetzt weißt du, warum Kinder in der Schule lernen, Aufsätze zu schreiben. – Damit sie umarmt und geliebt werden können, wenn sie ihren Eltern Briefchen schreiben.

VORSICHT: Wenn du Umarmungen nicht ausstehen kannst, dann schreib das deinen Eltern in einem Briefchen.

Elternteil sorgfältig auswählen

Wenn du diese Möglichkeit hast, nutze sie. Mach das Beste daraus. Mittlerweile hast du Gelegenheit gehabt, deinen Informationsstand hinsichtlich deiner Eltern zu vermehren (siehe Kapitel 2). Damit solltest du nun in der Lage sein, das beste Elternteil für deine jeweiligen Bitten auszuwählen.

Egal, worum es geht, überlege zuerst, bei welchem Elternteil du mit deiner Bitte wohl am besten ankommst. Nimm nicht einfach denjenigen, der gerade zufällig verfügbar ist. Es ist nichts Unehrliches daran, dich an das Elternteil zu wenden, von dem du denkst, daß du dort die Chancen auf Erfolg hast. Wenn du Blumen möchtest, gehst du schließlich auch nicht zum Bäcker, oder? Also, warum zu deiner Mutter gehen, wenn du weißt, daß du beim Vater viel bessere Chancen hast?

Hier gibt es allerdings eine Bedingung. Du hast nur einen Schuß frei. Du kannst nicht ein Elternteil fragen, und dann, wenn du nicht die gewünschte Antwort erhältst, zum anderen gehen. Wenn du das tust, sieht es so aus, als würde das erste Elternteil nicht zählen. Eltern mögen das nicht. Entweder verlierst du Vertrauen und Sympathien, oder du bist an einem Streit zwischen deinen Eltern schuld, und dann sind sie beide auf dich wütend. Nachdem ich weiß, daß viele unter euch nur sehr ungern diese Taktik aufgeben (schließlich funktioniert es doch manchmal) – wie wäre es mit einem Kompromiß?

Deine beste Freundin, Susi, hat dich eingeladen, bei ihr zu übernachten. Du fragst deinen Vater. Er sagt: „Nein."

Wenn du nun zu deiner Mutter gehst und sie auch noch fragst, darfst du die Tatsache, daß du deinen Vater bereits gefragt hast, nicht verheimlichen.

„Mama, ich habe Papa gefragt, ob ich heute bei Susi übernachten darf, und er hat nein gesagt. Was sagst du dazu? Ich hab doch morgen keine Schule."

„Ich weiß nicht so recht. Ich hätte an sich nichts dagegen. Du kannst deinem Vater ja sagen, daß ich nichts dagegen hätte, und ihn fragen, ob er einen besonderen Grund dafür hat, daß er dich nicht gehen lassen will."

„Könntest du ihn das vielleicht fragen?"

„Nein. Es ist besser, wenn du es selbst tust."

Wenn du Glück hast, kriegst du das mit deinem Vater klar. Dein Vater hat nicht das Gefühl, daß du seine Entscheidung übergangen hast, und deiner Mutter hast du einen möglichen Streit mit deinem Vater erspart. Keiner hat das Gefühl, gegen den anderen ausgespielt worden zu sein. Gut gemacht! Viel Spaß bei Susi!

Bitte, bitte!

Entgegen der landläufigen Meinung wurde das Wort „bitte“ nie zum Wohle der Erwachsenen erfunden. Sein Zweck bestand immer darin, Kids zu dem zu verhelfen, was sie wollten. Das ist dein Wort. Benutze es in allen Variationen. Sag „Bitte, bitte!!!“, „Biiiiitte!“, „BITTE!!!“, „Büüttöö“ oder „Ach, bitte ... ja?“

Zur Unterstützung kannst du die passende Gestik einsetzen. Ob du nun lediglich die Hände flehend zusammenlegst oder gleich auf die Knie fällst, bleibt dir überlassen. Aber ohne „bitte“ erreichst du garantiert nur die Hälfte.

Danke!

Am wirkungsvollsten, wenn es am wenigsten erwartet wird. Natürlich sagst du „danke“, wenn deine Eltern dein „Bitte!“ erhört haben oder wenn du beeindruckt bist vom Anblick deiner Geburtstagsgeschenke.

Verblüffende Wirkung erzielst du jedoch, wenn du dich ab und zu für etwas bedankst, was deine Eltern als alltägliche Verpflichtung ihrer Elternschaft betrachten: dich zu einer Freundin zu bringen, bei den Hausaufgaben zu helfen, dir einen Rat zu geben, ein gutes Essen zu kochen. Die Tatsache, daß du dich bei Gelegenheiten wie diesen bedankst, wird sie mit Wärme und Freude erfüllen. Sie merken, daß du tatsächlich die kleinen Dinge anerkennst, die sie jeden Tag für dich tun, daß du sie nicht als selbstverständlich hinnimmst. Selten kannst du so viele Punkte mit so wenig Einsatz machen. Weshalb solltest du dir eine solche mühelose Gelegenheit entgehen lassen?

Gern geschehen!

4. KAPITEL

Stil oder nicht Stil – das ist hier die Frage

Strategien für bessere Beziehungen

Es geht nicht darum, was du sagst, sondern wie du es sagst

Genau das steckt oft dahinter, wenn Eltern sagen, daß sie deine „Haltung“ nicht gutfinden. Wie schade, wenn das in deiner Familie Grund für Ärger ist. Völlig unnötigerweise, denn eigentlich kannst du fast alles sagen und tun, *wenn du nur weißt wie.* In diesem Gedanken steckt eine enorme Macht. Macht, die du bei dir zu Hause für dich einsetzen kannst, bei deinen Freunden, und überall sonst.

Wir reden hier über Fragen des *Stils* – wie du bei anderen Leuten ankommst. Die Leute reagieren auf den Stil, auf die Art der Darstellung, nicht auf den Inhalt. Oft geht es nicht darum, *was* du sagst, sondern *wie* du es sagst. Hast du schon einmal jemanden kennengelernt, der die unverschämtesten Dinge ausspricht, der andere beleidigt und Späße mit ihnen treibt, und sie schlucken einfach alles? „Oh“, sagen sie, „ist er nicht etwas ganz Besonderes? Er ist sooo unverschämt! Man muß ihn einfach mögen.“

Angenommen, diese Person ist nicht gerade ein zweiter Arnold Schwarzenegger, dann kommt er nur deshalb mit seinen Unverschämtheiten davon, weil seine Art, etwas zu sagen, zumindest akzeptiert wird oder sogar Vergnügen bereitet. Es kann ein Zwinkern in den Augen sein, brillanter Sinn für Humor, eine spöttische Geste. Vielleicht ist es die Sorgfalt, mit der er sein Publikum und sein Ziel auswählt, aber was immer auch der Grund sein mag, es funktioniert bei ihm. Wenn jemand anders genau das gleiche sagen würde, bekäme er wahrscheinlich eine Tracht Prügel.

Dein Stil ist eine teils eingeübte, teils unbewußte Mischung aus vielen verschiedenen Dingen. Wenn du dich mit anderen unterhältst, wird die Art, wie du dort ankommst, von mehreren Faktoren bestimmt:

- Dein Körper. (Bist du angespannt, drehst du dich weg, sackst du zusammen, gestikulierst du?)
- Dein Zeitgefühl. (Sprichst du schnell? Langsam? Welchen Augenblick hast du für deine Unterhaltung gewählt? Wie setzt du die Pausen?)
- Dein Gesichtsausdruck. (Lächelst du? Kneifst du die Augen zusammen? Hebst du die Augenbrauen?)
- Dein Ton. (Schreist oder flüsterst du? Klingst du spöttisch oder anklagend?)

- Deine Wortwahl. (Ist sie beißend? Anschuldigend? Vorsichtig? Gefühlvoll? Zweifelnd?)

Wie du etwas sagst, spiegelt auch die Situation und den Zusammenhang wider. Was ist gerade passiert? Wer ist dabei? In welcher Stimmung sind die Zuhörer? Was wird als nächstes passieren?

Dein Stil richtet sich danach, ob du mit einem Freund, einem Kleinkind, einem Lehrer, den Eltern oder einem Fremden sprichst. Er hängt auch davon ab, ob dein Gesprächspartner deprimiert, beschäftigt, wütend, ungeduldig oder begeistert ist. Du wählst deine Worte je nachdem, mit wem du sprichst und wie dein Partner auf dich reagiert.

Daran ist nichts verkehrt, denn auch du bist nicht immer gleich. Weshalb solltest du nicht den vielen unterschiedlichen Teilen deiner Persönlichkeit Ausdruck verleihen? Die ganze Welt ist eine Bühne, und wenn du dein Leben auslebst, wenn du alle Saiten deiner Persönlichkeit mit Geschick und Sensibilität klingen läßt, wenn du dich auf die unterschiedlichen Menschen, Orte und Ziele einstellst, wird dir das alles viel Spaß machen. Je besser du deinen Stil unter Kontrolle hast, desto selbstsicherer und geschickter wirst du deine Ziele erreichen.

Bei all den Möglichkeiten, die uns die Sprache bietet, stellt sich die Frage, warum die meisten Eltern und Kinder so zerstörerisch und unklar miteinander sprechen. Warum wählen Eltern Worte, Ausdrücke und einen Tonfall, der wie ein Angriff wirkt? Warum scheinen ihre Worte alles nur schlimmer zu machen, statt besser? Warum können Eltern und Kinder nicht vernünftig miteinander reden?

Weil sie es nicht besser gelernt haben. Eltern wiederholen, was sie von ihren Eltern gehört haben, Kinder wiederholen, was sie von ihren Eltern hören, und wieder ist ein negativer Kreislauf in Gang gesetzt. Zerstörerische Muster eines gewohnten Verhaltens. Muster, die sich nicht ändern werden, solange du die Sache nicht in die Hand nimmst. Und du mußt sie in die Hand nehmen.

Jede Kommunikation besteht aus zwei Dingen:

1. dem Senden einer Nachricht und
2. dem Empfang einer Nachricht.

Das gilt, egal, ob die Nachricht gesprochen oder unausgesprochen ist, ob sie durch Worte, Gesichtsausdruck, Gesten, Berührung, Körperhaltung oder einer Kombination aus allem ausgedrückt wird. Bei Eltern und Kindern ist die Kommunikation oft gestört, und das verstärkt die Probleme. Das kann aus vielen Gründen geschehen:

- Falsches Vokabular. (Worte werden falsch gebraucht oder nicht verstanden.)
- Mangel an Aufmerksamkeit.
- Mißverständnisse.
- Zu viele Gefühle.
- Unkorrekte Vermutungen hinsichtlich der Stimmung, Gefühle, Erfahrung oder Motivation der anderen Person.
- Angst, die wahren Gefühle oder Ansichten zu enthüllen.
- Aufgrund der Art, wie mit ihm gesprochen wird, fühlt sich der Zuhörer angegriffen, verurteilt, belehrt oder gedemütigt. (Klingt das vertraut? Das sollte es. Denn so sprechen deine Eltern oft mit dir. Und du vielleicht mit ihnen.)
- Aufgrund der Art, wie man ihm zuhört, fühlt sich der Sprecher nicht ernstgenommen und zurückgewiesen. (Ich wette, das klingt ebenfalls vertraut.)

Es bringt gar nichts, einem einzelnen die Schuld in die Schuhe schieben zu wollen, wenn die Kommunikation nicht klappt. Natürlich könntest du etwa ein Beispiel herauspicken, unter die Lupe nehmen und feststellen, daß der Sprecher sich nicht deutlich ausgedrückt oder der Empfänger nicht aufgepaßt hat. Aber zur Kommunikation gehören immer mindestens zwei. Wenn ein Sender sich nicht klar ausdrückt, liegt es in der Verantwortung des Empfängers, Klarheit zu schaffen. Du leidest genauso unter den Konsequenzen schlechter Kommunikation, ob es nun dein Fehler oder der des anderen ist. Egal, ob du sprichst oder zuhörst, du hast die Verantwortung, die Kommunikation auf Fehler zu prüfen.

Wäre es nicht nett, wenn deine Eltern respektvoll und ehrlich mit dir sprächen? Wäre es nicht nett, wenn sie aufhörten, dich zu bevormunden und zu kritisieren? Wäre es nicht nett, wenn du die Probleme, die nur aufgrund schlechter Kommunikation entstehen, von deiner Liste streichen könntest?

Aktives Zuhören in der Praxis

Konzentrieren wir uns darauf, wie wir deine Eltern so weit bekommen, daß sie dir zuhören, ohne dich zu kritisieren und anzugreifen. Dazu mußt du ihnen beibringen, wie man aktiver Zuhörer wird. Damit du das kannst, muß ich *dir* vorher zeigen, wie man ein aktiver Zuhörer wird. Deine Eltern werden so begeistert von deiner Art des Zuhörens sein, daß sie es dann auch selbst lernen wollen.

Aktives Zuhören ist eine Art des Zuhörens, die

- die andere Person ermutigt, weiterzureden.
- dem Sprecher das Gefühl gibt, verstanden, respektiert und akzeptiert zu werden.
- die Fehlerlosigkeit der Kommunikation überprüft und
- die Wahrscheinlichkeit für Wutausbrüche und andere Probleme mindert.

Aktives Zuhören und „Ich-Botschaften“ (über die du gleich noch mehr erfahren wirst) sind in der Therapie-Arbeit schon vielfältig erprobt worden. Sie sind einfach zu lernen, und doch nutzen sie nur wenig Leute. Sei einer der Wenigen!

Der Schlüssel zum aktiven Zuhören ist *Akzeptanz*. Aktives Zuhören ist eine Art zu zeigen, daß du die Gefühle des anderen verstehst und akzeptierst, das heißt, annimmst. Das kann manchmal schwierig sein, denn Gefühle sind oft schwer zu erkennen, schwer auszudrücken und nicht leicht zu enthüllen. Und doch hat sie jeder, und jeder möchte sie ausdrücken können, und jeder möchte sie angenommen wissen.

Verwechsele Akzeptanz nicht mit Übereinstimmung. Du mußt mit einem Gefühl nicht übereinstimmen, um es akzeptieren zu können. Du mußt nicht einmal glauben, daß das Gefühl gerechtfertigt ist. Du gestehst deinen Eltern einfach das Recht zu, ihre eigenen Gefühle zu haben.

Weißt du noch, wie du es haßt, wenn sie deine Gefühle einfach so abtun?

„Das solltest du nicht denken.“

„Wie kannst du so empfindlich sein?“

Du bittest sie nicht, das gleiche zu fühlen wie du, und du bittest sie nicht, ihre Gefühle zu ändern. Du sagst einfach: „Heh, so bin ich und so fühle ich. Du mußt nicht das gleiche empfinden wie ich, aber kannst du nicht einfach die Tatsache akzeptieren, daß ich so fühle?“

Aktives Zuhören will ausdrücken:

„Ich höre dich.“

„Ich verstehe deine Gefühle.“

„Ich akzeptiere die Tatsache, daß du so fühlst.“

„Ich akzeptiere dein Recht, diese Gefühle zu haben."

„Ich mag es vielleicht nicht, und ich werde auch mein Verhalten deshalb nicht ändern, aber ich akzeptiere dich und deine Gefühle."

Das ist alles, was jeder Mensch will. Du wirst erstaunt sein über die Veränderungen bei deinen Eltern, wenn du anfängst, ihnen aktiv zuzuhören.

Es gibt vier spezielle Techniken, die das aktive Zuhören ausmachen. Die ersten drei kennst und gebrauchst du vielleicht bereits.

1. **Paß genau auf.**
   Zeige, daß du wirklich zuhörst. Schweigen, Augenkontakt und eine entsprechende Haltung deuten Aufmerksamkeit an. Zusammen drücken sie aus: „Mir ist es wichtig, was du sagst." Du kennst diese Methode, denn das genaue Gegenteil ist dir total vertraut. Wenn deine Eltern dich auseinandernehmen, was tust du? Du verdrehst die Augen, siehst überall hin, nur nicht zu ihnen. Du hängst im Sessel, trommelst mit den Fingerspitzen, kritzelst auf einem Stück Papier herum. Du wechselst häufig die Haltung,

du seufzt – du tust alles, um sie wissen zu lassen, daß du überhaupt nicht zuhörst. Das ist in Ordnung, wenn du deine Eltern noch wütender machen willst, aber es ist katastrophal, wenn du Streit vermeiden willst.

2. **Brummen und Nicken.**
   Gelegentliche Brummer, Nicken, „Hmmms" und „Jas" sind ausgezeichnete Möglichkeiten, anzudeuten, daß du aufmerksam zuhörst. (Denk daran, Zuhören bedeutet nicht Zustimmen!)

3. **„... und was ist dann passiert?"**
   Du kannst solche kurzen Fragen benutzen, um deine Eltern zum Weiterreden zu bewegen. Du zeigst ihnen so, daß du zuhörst. Einwürfe wie „Was dann?", „Erzähl weiter", „Und...?", „Wahnsinn!", „Im Ernst?" und so weiter erzielen immer das gewünschte Ergebnis.

4. **Die Gefühle widerspiegeln.**
   Das ist die fortgeschrittenste Technik des aktiven Zuhörens. Die ersten drei Techniken zeigen, daß du zuhörst. Diese zeigt, daß du *verstehst*. Deshalb ist sie so wertvoll und effektiv.
   Du bist ein Spiegel. Du spiegelst die Gefühle deiner Eltern wider. Nicht ihre Worte, sondern ihre Gefühle. Wieder heißt das nicht, daß du dem zustimmst, was sie sagen, es heißt nur, daß du ihre Gefühle und ihr Recht dazu akzeptierst. Der gegenseitige Respekt und die Zuneigung, die durch diese Fähigkeit entstehen, verhindern Streitigkeiten und schaffen größere Ehrlichkeit.
   Wenn deine Eltern dir etwas sagen, lausche auf das Gefühl, das dahintersteht. Vergiß die Worte. Sie sind nur Hinweise auf das Gefühl. Wenn du glaubst, daß du das Gefühl identifiziert hast, sende es zurück. Sei ein Spiegel. Du kannst dich täuschen, aber das ist nicht so schlimm. Wenn du falsch liegst, werden sie dir eine Botschaft mit weiteren Erklärungen senden.

Jetzt, nachdem du die grundlegenden Techniken des aktiven Zuhörens kennst, sehen wir uns einmal an, wie sie funktionieren.

> ***„Wo um Himmels willen warst du denn? Es ist schon nach Mitternacht, und du hättest bereits vor zwei Stunden zu Hause sein sollen!"***

Welches Gefühl steckt dahinter? Ärger? Sicher ist es auch Ärger. Aber Ärger ist meist eine Maske für ein tiefergehendes Gefühl. Du kannst ärgerlich sein, weil du dich schuldig oder dumm fühlst, verletzt oder betrogen. Deine Eltern ärgern sich oft über dich, also mußt du dieses tiefere, verborgene Gefühl entdecken, um das aktive Zuhören richtig einsetzen zu können. Im vorliegenden Fall ist die Wahrschcinlichkeit hoch, daß die Mutter ärgerlich ist, weil sie sich Sorgen gemacht hat. Die verborgene Aussage lautet:

> ***„Wie konntest du mir das antun? Ich habe mir solche Sorgen um dich gemacht. Ich dachte, du hättest einen Unfall gehabt oder seist überfallen worden."***

Sehen wir mal, wie aktives Zuhören in dieser Situation funktioniert.

> ***„Wo um Himmels willen warst du denn? Es ist schon nach Mitternacht, und du hättest bereits vor zwei Stunden zu Hause sein sollen!"***
>
> ***„Du hast dir wahrscheinlich ziemliche Sorgen gemacht."***
>
> ***„Das kann man wohl sagen. Ich bin fast umgekommen vor Sorge! Was ist denn passiert?"***
>
> ***„Wir hatten einen Platten und keinen Ersatzreifen dabei. Dann mußten wir über eine Stunde warten, bis wenigstens ein Lastwagen vorbeikam. Ich konnte auch nicht anrufen, weil wir mitten in der Pampa steckten. Ich weiß, daß du dir Sorgen gemacht hast, aber ich konnte wirklich nichts tun."***
>
> ***„Na ja, zumindest bist du heil und sicher wieder zurück. Du siehst aus, als ob es dir kalt wäre. Soll ich dir einen Tee kochen?"***

Gut gemacht! Du hast einen Streit verhindert, indem du deiner Mutter das Gefühl gegeben hast, daß du sie verstehst. Du denkst wahrscheinlich, daß deine Mutter sich immer gleich ohne Grund Sorgen macht, oder daß es ungerecht war, gleich auf dich loszugehen. Und da hast du vielleicht recht. Aber das ist nicht der Punkt. Der Punkt ist, daß deine Mutter sich Sorgen gemacht hat, und die Tatsache, daß du als ihr Kind diese Sorgen erkannt und akzeptiert hast. Damit hast du es vermieden, noch Öl ins Feuer zu kippen.

Jetzt paß mal auf, was hätte geschehen können, wenn das Kind auf die übliche Weise auf den vorwurfsvollen Empfang reagiert hätte.

> ***„Wo um Himmels willen warst du denn? Es ist schon nach Mitternacht, und du hättest bereits vor zwei Stunden zu Hause sein sollen!"***

„Warum schreist du mich denn gleich so an? Ich kann nichts dafür."

„Komm mir nicht so. Du bist zwei Stunden zu spät. Wenn du meinst, daß das in Ordnung ist, dann täuschst du dich. Du hast Hausarrest!"

„Du weißt ja noch gar nicht, was passiert ist. Ich hätte tot sein können, und dir fällt nichts anderes ein, als mir Hausarrest zu geben. Es war nicht meine Schuld!"

„Das ist jetzt egal. Wenn ich mich nicht darauf verlassen kann, daß du rechtzeitig zu Hause bist, dann darfst du eben nicht mehr weggehen."

Siehst du, was passiert? Die Mutter ist auf 180. Ihre Gefühle werden nicht verstanden und können sich nirgendwo anders entladen als in einem Wutausbruch. Das Kind fühlt sich ungerecht angegriffen (meiner Meinung nach zu Recht) und schlägt zurück. Mutter und Kind mögen vielleicht die ganze Nacht durch über Verantwortung, Vertrauen und Strafe streiten, ohne daß der Grund für das Zuspätkommen überhaupt noch zur Sprache kommt. Die Tatsache, daß das Kind nicht die Schuld hat, hat nichts mit dem Resultat zu tun.

Sieh dir aktives Zuhören in einer anderen Situation an.

„Lucy! Ich dachte, ich hätte euch Kinder gebeten, das Wohnzimmer aufzuräumen. Meine Kollegen kommen in zwei Stunden. Muß ich denn alles selbst erledigen? Könnt ihr nicht wenigstens einmal mithelfen? Ich tu alles für euch, und was macht ihr?"

Und wie würden die meisten Kinder auf diesen Vorwurf reagieren?

Kind A: „Gleich." (Tut so, als ob Mama überhaupt nicht da wäre. Paß bloß auf!)

Kind B: „Also weißt du, ich habe schließlich auch genug zu tun, oder?" (Schnippisch, angriffslustig. Das riecht nach Streit.)

Kind C: „Warum fragst du nicht auch einmal Jamie? Er macht nie irgend etwas." (O weh. Geh bloß in Deckung.)

Nimmt Lucy den Kampf auf, oder setzt sie das aktive Zuhören ein?

„Arme Mama, immer bleibt alles an dir hängen." (Irre! Sie hat das aktive Zuhören eingesetzt.)

„So ist es, und es reicht mir langsam. Ich habe schließlich auch nur ein Paar Hände!"

„Ich weiß, wir müßten dir eigentlich mehr helfen."

„Stimmt allerdings. Aber ich wäre schon froh, wenn ihr mir wenigstens jetzt mal helfen würdet."

„Okay, Jamie, Lisa! Mama braucht uns jetzt sofort. Also kommt schon."

Jedesmal, wenn ihre Mutter etwas sagte, hörte Lucy aufmerksam zu und versuchte, die dahintersteckenden Gefühle zu verstehen. Anstatt sich zu verteidigen, spiegelt sie die Gefühle der Mutter wider. Jedes Mal, wenn sie das tat, beruhigte sich die Mutter. Hier geschah kein Wunder; Mutter fühlte sich einfach nur verstanden und als Mensch akzeptiert. Das machte den ganzen Unterschied aus.

Manchmal können jedoch die vielfältigsten Gefühle mitspielen. Woher weißt du dann, welche Gefühle hinter einer Botschaft stecken? Hier kommt deine Informationssammlung zum Einsatz. Suche nach versteckten Hinweisen. Je mehr du über deine Eltern weißt und besonders über den Druck, unter dem sie vielleicht stehen, desto besser kannst du aktiv zuhören und das Feedback verbessern.

Du mußt nichts aufgeben, um aktiv zuzuhören. Du kannst deine Gefühle und eigene Meinung bewahren. Du mußt nicht zustimmen, du mußt nicht streiten, du mußt nur sagen: „Ich verstehe, wie du dich fühlst." Warum einen Streit verursachen, weil du mal wieder die anderen überzeugen willst, was richtig oder falsch ist? Du weißt, wie schwer es ist, bis andere ihre Meinung ändern. Vermeide einen Streit durch aktives Zuhören. Es wirkt Wunder.

Es braucht seine Zeit und Übung, um die Fähigkeit des aktiven Zuhörens zu beherrschen. Die nächsten Seiten geben sieben Tips und Warnungen, die beim aktiven Zuhören zu beachten sind. LIES SIE NICHT, bevor du nicht bereit bist, diese Technik in deine Elternerziehung einzubauen.

1. **Aktives Zuhören muß nicht notwendigerweise Gefühle ausschalten.**
   Wenn deine Eltern über etwas enttäuscht sind, was du getan hast, werden sie dieses Gefühl nicht sofort ablegen. Das aktive Zuhören läßt ihre Gefühle nicht völlig verschwinden. Allerdings wird verhindert, daß diese Gefühle noch stärker werden und sich die Situation vom Ausmaß eines kleinen Grenzkonflikts zu einer nuklearen Familienkatastrophe ausweitet.

2. **Aktives Zuhören funktioniert am besten, wenn deine Eltern mit dir unzufrieden sind, wenn sie dein Verhalten als den Grund allen Übels sehen und ihre Bedürfnisse nicht erfüllt werden.**
Mit anderen Worten, setze diese Technik ein, wenn sie dich anschreien und dir Vorhaltungen machen. Wenn sie merken, daß du ihnen zuhörst, geben sie dir eher Gelegenheit, deine eigenen Erfahrungen zu machen, oder sie vergessen das Ganze. Wenn sie jedoch das Gefühl haben, daß du überhaupt nicht zuhörst, nerven sie dich weiter.

3. **Aktives Zuhören ist eine großartige Möglichkeit, die Kommunikation mit jedem zu verbessern.**
Es muß ja nicht immer nur um deine Probleme gehen. Es ist dir sicher auch schon passiert, daß ein Freund am Boden zerstört war und du nicht wußtest, was du sagen oder wie du ihm helfen solltest? Du möchtest ihn trösten, ihm einen Rat geben, sagen: „Mach dir keine Sorgen." Aber das hilft ihm nicht unbedingt weiter. Spiegele seine Gefühle einfach wider, gib sie ihm zurück – dann kann er sich das Problem von der Seele reden, und euch beiden geht es dann besser.

4. **Es ist schwierig, Gefühle zu erkennen.**
Die Menschen lernen, ihre Gefühle zu verbergen und zu unterdrücken. Deshalb sind viele Menschen nicht in der Lage, ihre eigenen Gefühle und die der anderen zu erkennen. Sie benutzen die Worte: „Ich habe das Gefühl", wenn sie eigentlich meinen: „Ich denke."

5. **Am Anfang bist du vielleicht verlegen und fühlst dich unwohl, wenn du aktives Zuhören einsetzt.**
Das ist ganz natürlich. Es braucht seine Zeit, um sich an neue Dinge zu gewöhnen. Denk an das erste Mal, als du auf Skiern gestanden hast, oder an deinen ersten Kuß. Zuerst warst du wahrscheinlich noch unsicher, aber bald wurden diese neuen Fähigkeiten für dich so selbstverständlich, daß du sie mit geschlossenen Augen tun konntest. (Besonders das Küssen.) Für den Anfang findest du hier einige Sätze, die gute Einleitungen zum aktiven Zuhören sind:

„Du mußt ziemlich wütend / enttäuscht / traurig wegen mir sein."

„Das hört sich so an, als ob du enttäuscht wärst, daß ich es vergessen habe ..."

„Wahrscheinlich hast du gedacht, ich könnte dir mehr helfen."

„Bestimmt hast du dir Sorgen um mich gemacht."

6. **Wann man das aktive Zuhören nicht einsetzen sollte.**
   Es gibt Zeiten, da rettet das aktive Zuhören den Tag, aber es gibt auch Zeiten, da wäre aktives Zuhören fehl am Platz.
   Wenn dein Vater schreit: „Mir ist kalt. Könnte vielleicht mal jemand die Tür schließen?", drückt das keine verborgenen Gefühle aus. Er will lediglich die Tür geschlossen haben. Wenn du hier antwortest: „Liebe Güte, Papa, dir muß wirklich kalt sein", erntest du nur einen eiskalten Blick.

„Würdet ihr Kinder euch vielleicht mal beeilen!? Wir kommen zu spät, wenn wir nicht einen Zahn zulegen."

„Weißt du, Papa, du scheinst mir ziemlich besorgt darüber, daß wir die Vorstellung versäumen könnten."

O nein! Auch hier braucht dein Vater keinen aktiven Zuhörer. Er will nur, daß seine Kinder endlich den Hintern hochbringen.

7. **Aktives Zuhören löst nicht notwendigerweise Probleme.**
   Aktives Zuhören ist ein Weg, miteinander umzugehen, der Respekt zeigt und Ruhe und Frieden verspricht. Aktives Zuhören mag ein Problem dadurch lösen, daß deine Eltern sich verstanden und geschätzt fühlen. Aber selbst wenn die heftigsten Gefühle sich gelegt haben, kann es immer eine große Meinungsverschiedenheit zwischen euch geben. In diesem Fall hast du folgende zwei Möglichkeiten:

- Besprich die Sache im Familienrat (siehe Kapitel 5).
- Frage deine Eltern, ob sie irgendwelche Lösungsvorschläge haben. Jede dieser Fragen könnte zu einer Lösung führen:

„Habt ihr vielleicht eine Idee, was wir nun tun könnten?"

„Vielleicht könnten wir zusammen eine Lösung finden?"

„Ich hatte keine Ahnung, daß ihr so darüber denkt. Was kann ich denn nun tun?"

Eines ist wohl inzwischen klar: Du kannst erst dann ein Problem angehen, wenn eure Gefühle gehört und akzeptiert wurden. Wenn ihr –

du und deine Eltern – euch erst einmal beruhigt habt, werdet ihr auch wieder klar denken können.

Das aktive Zuhören ist eine Art, den Kreislauf der negativen Kommunikation in deiner Familie zu unterbrechen. Indem du nicht so auf deine Eltern reagierst, wie sie auf dich reagieren, unternimmst du den ersten (und schwersten) Schritt, um diesen Kreislauf zu unterbrechen. Während deine Eltern möglicherweise noch immer deine Gefühle verletzen, dir Vorhaltungen machen und dich beschimpfen, läßt du sie mit diesem Verhalten einfach allein stehen. Sie kommen aus dem Takt, und die guten Gefühle, die dein neues Verhalten bei ihnen auslöst, werden sie nach und nach zum Positiven verändern.

Wann es sich auszahlt, ichbezogen zu sein: Ich-Botschaften statt Du-Botschaften

Weißt du noch, was ich über die zwei Teile der Kommunikation gesagt habe? Senden und Empfangen? Aktives Zuhören funktioniert, wenn du der Empfänger einer Botschaft bist. Jemand anders erzählt dir von einem Problem oder einem Wunsch.

Aber das ist nur die Hälfte des Bildes. Wie ist es, wenn du ein Problem hast? Wenn du eine Botschaft senden möchtest? Wie kannst du deine Eltern dazu bringen, dir richtig zuzuhören?

Um die Antwort darauf zu finden, laß uns erst einmal feststellen, was nicht funktioniert. Die Wahrscheinlichkeit ist hoch, daß genau das, was dich in Abwehrhaltung bringt, bei deinen Eltern das gleiche auslöst. Was läßt dich die Ohren auf Durchzug schalten, wenn deine Eltern mit dir reden?

„Du tust ja nie das, was man dir gesagt hat."

„Du solltest vorsichtiger sein."

„Du denkst immer nur an dich selbst."

„Du solltest dir mehr Mühe geben."

„Kannst du nicht ein bißchen auf andere Rücksicht nehmen?"

Da könntest du doch am liebsten die Wand hochgehen, oder? Nun, wie hört es sich aus der Sicht deiner Eltern an? Was bekommen sie zu hören, wenn du mit ihnen redest?

„Ihr erlaubt mir ja nie etwas."

„Ihr versteht mich nicht."

„Ihr habt kein Recht ..."

„Du bist immer auf ihrer Seite."

„Ihr tut immer so, als ob ihr alles wüßtet."

Was haben all diese Sätze, deine und ihre, gemeinsam? Das Wort *du* oder *ihr*. Es sind alles Du-Botschaften. *Du* hast es getan. *Du* hast es nicht getan. Es ist *deine* Schuld. Du-Botschaften greifen an, verurteilen und verletzen. Du-Botschaften verhindern unter Garantie jede gute Verständigung. Du-Botschaften fordern zu Streit und Beschimpfungen auf. Du-Botschaften treiben den anderen in die Ecke.

Wie Du-Botschaften wirken, hat nichts damit zu tun, was richtig oder falsch ist. Die Aussage mag sehr wohl richtig sein. Aber vergiß nicht, wir reden über *Stil*, darüber, *wie* du *was* sagst.

Du-Botschaften sind *schlechter Stil*. Die Art und Weise, etwas zu sagen – nicht die Worte oder Gedanken, sondern der Stil –, ruft Gefühle hervor, die die Verständigung verhindern. Der Empfänger einer Du-Botschaft fühlt sich vorverurteilt und zurückgewiesen. Du-Botschaften greifen die Person an, nicht die Handlung. Du-Botschaften verursachen oder verstärken Probleme. Du-Botschaften sind die Ebene, auf der viele Eltern und Kinder miteinander umgehen. Wieder wurde ein zerstörerischer Kreislauf in Gang gesetzt, und du mußt ihn durchbrechen. Denn du willst doch deine Eltern dazu erziehen, respektvoll und liebevoll mit dir zu reden.

Wie kannst du den Anfang machen? Schauen wir uns noch einmal an, wie deine Eltern mit dir reden.

„Du tust nie, was man dir sagt!"

Nehmen wir mal an, deine Eltern würden ihre eigenen Gefühle unter die Lupe nehmen, anstatt den einfachen Weg zu gehen und dir an den Karren zu fahren. Nehmen wir an, sie senden anstatt einer Du-Botschaft, eine Ich-Botschaft. Nehmen wir an, sie sprechen genau aus, wie sie sich durch dein Benehmen fühlen.

Wenn sie nun anstatt: „Du tust nie, was man dir sagt!" (was ja unmöglich stimmen kann) sagen würden:

„Wenn wir dich bitten, etwas zu tun, und es wird nicht erledigt, fühlen wir uns nicht ernst genommen, und wir sind sauer."

Wäre das nicht etwas einfacher zu schlucken? Es ist kein direkter Angriff auf dich, es ist eine Beschreibung der Situation und wie sich deine Eltern dabei fühlen. Klar, es mag eine kleine Spitze darin liegen; klar, es geht dabei um dich; klar, du bist völlig anderer Meinung als sie – aber die Art, wie es gesagt wurde, ist respektvoller und weniger beschuldigend. Es ist die Art von Feststellung, die eine Unterhaltung eher erlaubt als sie ausschließt. Wenn deine Eltern zu dir mit Ich-Botschaften sprächen, würdest du nicht so schnell explodieren. Du könntest nachdenken und aktiv zuhören.

Im gleichen Maße, wie Du-Botschaften nicht gehört werden, haben Ich-Botschaften Aussicht auf Erfolg. Eine Ich-Botschaft wird ernst genommen und erhöht die Chancen für eine positive Veränderung.

Es ist ganz einfach, Ich-Botschaften zu verfassen. Es sind Botschaften, die erklären, wie das Verhalten oder die Einstellung deiner Eltern und was daraus entsteht, auf dich wirken. So geht es:

- Versuche als erstes, deinen Eltern zu *beschreiben*, welches Verhalten dich stört. Beschuldige sie dabei nicht. Du solltest sie weder beschimpfen noch angreifen. Nur beschreiben.

  „Wenn ich an den Samstagabenden nicht länger als bis elf Uhr wegbleiben darf ..."

- Als zweites erkläre, welches *Gefühl* die Konsequenzen dieses Verhaltens bei dir auslösen.

  „... ist es mir peinlich ..."

- und als drittes die *Konsequenzen*.

  „... weil die anderen an meiner Schule dann immer sagen, ich sei ein Baby."

Es gibt keine Garantie dafür, daß deine Eltern dich nun abends länger fortlassen, aber so wie du es erklärt hast, werden sie dich ernst nehmen und darüber reden. Glaubst du nicht, daß deine Eltern dieser Art von Unterhaltung offener gegenüberstehen als: „Ihr behandelt mich immer wie ein Baby!"?

Beim *aktiven Zuhören* mußt du erahnen, wie die anderen sich fühlen. Um eine *Ich-Botschaft* auszusenden, mußt du nur wissen, wie du dich fühlst. Dieses eine Mal darfst du ichbezogen sein.

Du hast vielleicht die unterschiedlichsten Gefühle bei einer bestimmten Situation. Das heißt, du kannst manchmal auch viele Ich-Botschaften aussenden:

„Wenn ich Samstag abends nicht länger als bis elf Uhr wegbleiben darf, denke ich, daß ihr mir nicht vertraut, und das verletzt mich."

„Wenn ich Samstag abends nicht länger als bis elf Uhr wegbleiben darf, macht mich das ziemlich wütend. Denn John durfte in meinem Alter bis ein Uhr morgens wegbleiben."

Wie das aktive Zuhören sollte der Einsatz der Ich-Botschaften gezielt eingesetzt werden. Benutze Ich-Botschaften, wenn jemand anders deinen Bedürfnissen im Wege steht. Wenn du über das Verhalten von jemandem so reden willst, daß man dich auch bestimmt hört. Wenn du sagst: „Heh, so und so empfinde ich bei dieser Situation", dann wird deine Ehrlichkeit, Offenheit und dein Respekt erwidert.

Ich will damit nicht sagen, daß du mit aktivem Zuhören und Ich-Botschaften alles in deiner Familie plötzlich in eitel Sonnenschein verwandeln kannst. Natürlich ist das nicht so einfach. Gefühle gehen tief, und viele Konflikte sind nicht so leicht zu lösen. Vielleicht mußt du mal bei einem Familienrat (siehe Kapitel 5) darüber sprechen. Vielleicht mußt du dein Verhalten ändern; vielleicht müssen deine Eltern das ihre ändern. Vielleicht mußt du dich entschuldigen, oder du brauchst Zeit, um eine dir zugefügte Verletzung zu verwinden. Aber wie willst du ein Problem lösen, wenn du nicht einmal richtig darüber reden kannst?

Bitte um etwas, fordere es nicht

Wann immer es möglich ist, formuliere deine Forderungen als Bitten. Das ist viel wirksamer. Du kannst es ja als Forderung denken, deine Eltern hören es als Bitte, und jeder ist zufrieden.

Schlecht:
„Papa, du mußt mich jetzt zum Fußballtraining fahren."
„Ich muß überhaupt nichts. Ich habe zu tun. Warum hast du mir das nicht früher gesagt?"

Besser:
„Papa, kannst du mich jetzt zum Fußballtraining fahren?"

„Bitte."

„Bitte?"

Am besten:

„Papa, kannst du mich jetzt bitte zum Fußballtraining fahren?"

„Klar. Warte nur noch eine Minute, ich muß noch schnell das hier fertigmachen."

Du fragst dich vielleicht: „Warum sollte ich jedesmal, wenn ich etwas tun will, um Erlaubnis fragen?" Das sollst du gar nicht. Und du tust es auch nicht. Wir sprechen hier über Stil, über die Art, untereinander zu reden. Wir leben im Medien-Zeitalter, stimmt's? Denk an die Fernsehnachrichten. Jeder kann die Zeitung lesen, aber die Fernsehstationen geben Millionen aus, um einen Stil zu finden, der die Zuschauer fesselt und die Einschaltquoten erhöht. Und du mußt den passenden Stil für dich finden, der deine Erfolgsquoten bei deinen Eltern erhöht.

Du weißt bereits, wo die Grenzen deiner Freiheit liegen, deshalb wirst du natürlich nicht bei Dingen um Erlaubnis fragen, die selbstverständlich sind. „Mama, kann ich duschen?" und „Papa, kann ich mal telefonieren?" klingt bei einem Fünfzehnjährigen ziemlich albern. Aber für die Gelegenheiten, bei denen du dich in einer Grauzone bewegst, bist du gut beraten, wenn du vorsichtshalber bittest oder fragst.

Am besten bringst du deinen Widerwillen bezüglich Bitten und den deiner Eltern gegen bloße Mitteilungen unter einen Hut, indem ihr euch in der Mitte trefft. Paß auf:

„Ich gehe jetzt in die Stadt ... Okay?"
(Mitteilung) *(Bitte)*

„Wenn du nichts dagegen hast ... gehe ich jetzt in die Stadt."
(Bitte) *(Mitteilung)*

Jede Mitteilung oder Bitte kann in einer Form ausgedrückt werden, die von blanker Unverschämtheit bis zu überwältigender Höflichkeit reicht. Deine Aufgabe ist es, eine Stilform zu wählen, die das, was du sagen willst, irgendwo dazwischen einreiht.

Hier sind zwei Beispiele, in denen der gleiche Inhalt in verschiedenen Stilebenen ausgedrückt wird. Du wirst wahrscheinlich ein Beispiel aus dem mittleren Bereich aussuchen. Schließlich wirkt übertriebene Höflichkeit ja doch ein bißchen schleimig, und deine Eltern werden dann sowieso nur mißtrauisch.

„Würdest du bitte so nett sein, und mir vielleicht die Kartoffeln reichen?“

„Könntest du mir bitte die Kartoffeln reichen?“

„Könntest du die Kartoffeln rüberreichen?“

„Gib mal die Kartoffeln rüber!“

„Kartoffeln!“

„Gib mir endlich die #&%*! Kartoffeln!“

Und:

„Könnte ich bitte die Erlaubnis haben, heute abend ins Kino zu gehen?“

„Darf ich bitte heute abend ins Kino gehen?“

„Kann ich heute abend ins Kino gehen?“

„Ich gehe heute abend ins Kino, okay?“

„Ich geh heute abend ins Kino.“

„Ich geh noch weg.“

„Tschüß.“

(Eine ins Schloß fallende Tür.)

Wenn du den Klang von „Ja“, „Aber natürlich“, „Ich habe nichts dagegen“, und „Natürlich, Liebes“, magst, dann gewöhne dich an den Klang von „Ist das in Ordnung?“, Kann ich?“, „Macht es dir etwas aus?“ und „Darf ich, bitte?“ Diese Klänge sind Musik in jedermanns Ohren.

Wage es nicht, mir zu drohen, sonst ...

Drohungen gehen gewöhnlich nach hinten los. Wenn du deinen Eltern drohst, ist es genauso, als würdest du mit einem roten Tuch vor einem Stier in der Arena tanzen. Egal, wie starrsinnig deine Eltern sind, eine Drohung wird alles nur noch schlimmer machen. Aus dem Streit wird ein Kampf, den keiner gewinnen kann. Beide Seiten fühlen sich in eine Ecke gedrängt. Wie auch immer vorher deine Chancen standen, das zu bekommen, was du wolltest, nun sind sie gleich Null.

Du weißt, wie du es haßt, wenn deine Eltern dir drohen.

„Wenn du nicht sofort aufräumst, darfst du heute abend nicht weggehen."

„Noch ein Wort, und du gehst auf dein Zimmer."

Unglücklicherweise drohen Eltern ständig. Aber selbst wenn eine Drohung wirkt, hat es letztendlich der Beziehung geschadet.

Die Wahrscheinlichkeit, daß eine Drohung von dir gegen deine Eltern Erfolg hat, ist äußerst gering. Das liegt einfach daran, daß Eltern meist die besseren Karten haben. Sie haben die Macht, ihre Drohungen auszuführen. Sie können dir das Taschengeld streichen oder Privilegien und Freiheiten beschneiden. Es ist nicht fair, aber sie können es tun, und sie tun es auch.

Aber womit kannst *du* drohen?

„Wenn du mir nicht mehr Taschengeld gibst, zerlege ich deinen Computer."

„Wenn ich nicht zu diesem Konzert darf, erzähl ich den Bergers, was ihr über sie gesagt habt."

Irgendwie scheint es unwahrscheinlich, daß diese Drohungen deine Eltern für dich einnehmen. Um genau zu sein, werden sie wahrscheinlich sagen:

„Wage es nicht, mir noch einmal zu drohen, oder es wird dir leid tun."

Unter Berücksichtigung der Tatsache, daß die meisten Kinder sehr wenig Macht in der Eltern-Kind-Beziehung haben – was können sie tun? Wenn sie gescheit sind, finden sie heraus, was ihren Eltern am wichtigsten ist: ihre Kinder. Und was würde die Eltern am meisten treffen? Wenn ihren Kindern etwas Böses widerfährt! Wenn Kinder erst einmal diesen schwachen Punkt ihrer Eltern entdeckt haben, wissen sie, womit sie drohen können.

„Wenn du mich nicht läßt ...

„... halte ich die Luft an." (Im Alter von vier Jahren)

„... esse ich nichts mehr." (Alter: sechs Jahre)

„... spreche ich nie mehr mit dir." (Alter: acht Jahre)

„... schwänze ich Schule." (Alter: dreizehn Jahre)

„... mache ich keine Hausaufgaben mehr." (Alter: vierzehn Jahre)

„… lade ich nie mehr einen Freund zu mir ein." (Alter: vierzehneinhalb)

„… gehe ich eben von der Schule ab." (Alter: zwischen fünfzehn und achtzehn)

„… ziehe ich aus." (Alter: sechzehn bis achtzehn)

„… ziehe ich wieder zu euch." (Alter: zweiundzwanzig und darüber)

Das Problem mit diesen Drohungen ist, daß du immer der Verlierer bist. Um deine Eltern zu treffen, mußt du dir selbst Schaden zufügen. Diese Drohungen drängen dich in die Ecke: Entweder du frißt Kreide und vergißt deine Drohung, oder du ziehst sie durch und schadest dir am Ende selbst. Keine berauschende Wahl.

Klar, wenn du dich weigerst, dein Zimmer zu verlassen, oder wenn du die Schule schwänzt, werden sich deine Eltern ärgern. Aber andererseits bist du derjenige, der dann ohne Freunde dasteht und Nachhilfeunterricht nehmen mußt. Die Drohung sollte deine Eltern treffen, aber im Endeffekt trifft sie nur dich selbst.

In Familien ohne gute Kommunikation stoßen Kinder Drohungen aus, weil sie keine andere Wahl haben. Eine schädliche Macht, die sie auszuüben versuchen. Deine Stärke jedoch wird in angenehmer Weise zunehmen, wenn du die Techniken verwendest, die in diesem Buch aufgezeigt sind. Das Bedürfnis, Drohungen auszustoßen, wird verschwinden. Also hör auf damit, sonst …!

Nenn deinen Vater nicht einen Idioten

Oder einen Dummkopf, Stümper, Faschisten oder '&%!$!! (Auch wenn du es manchmal denkst.) Wenn du deine Eltern beleidigst, löst das nur neuen Streit aus.

Ich bin der erste, der zugibt, daß eine momentane Befriedigung darin liegt, einen wohlverdienten Beinamen in Richtung eines beleidigenden Elternteils zu schleudern. Aber diese Befriedigung wird sehr kurzlebig sein, vielleicht nur die Sekunde dauern, bis die Hand dieses Elternteils eine Seite deines Gesichts trifft. Der Schaden, den du deinem Image, eurer Beziehung und deiner Wange zufügst, ist allerdings langlebiger.

Sehen wir doch lieber mal, welche anderen Möglichkeiten bestehen.

Es ist etwas geschehen, was dir das Gefühl gibt, daß dein Vater wirklich der absolut Hinterletzte ist. Das möchtest du nun auch gefühlsmäßig ausdrücken. Aber leider, wenn du den guten Stil wahren möchtest, kannst du nicht einfach damit herausplatzen. Du hast gesehen, was geschieht, wenn du das tust. Die Frage ist, wie kannst du deinem Vater sagen, daß er ein Trottel ist, ohne ihn zu verletzen?

Zuerst solltest du deine Gefühle kurz überprüfen. Was war es, was er getan oder gesagt hat? Was hat das bei dir ausgelöst? Und das solltest du ihm mitteilen, und nicht:

„Papa, du bist so eine widerwärtige, schleimige Filzlaus!"

Versuch es statt dessen doch mal mit:

„Papa, nun muß ich schon seit drei Jahren immer zur gleichen Zeit zu Hause sein. Ich bin sauer, weil ich das nicht fair finde. Ich bin jetzt viel verantwortungsbewußter als vor drei Jahren und sollte auch entsprechend mehr Freiheit haben. Können wir darüber reden?"

Nun hast du zumindest die Chance einer Diskussion. Wenn du es vermeiden kannst, ihn zu beleidigen, wenn du versteckte Hintergründe seiner Vergangenheit aufdecken und auch noch ruhig und vernünftig bleiben kannst, kommst du vielleicht zum Kern der Sache. Das ist schon die halbe Lösung bei einem Problem. Solltest du allerdings keinerlei Fortschritte erzielen, und dein Vater benimmt sich weiter so, na ja, dann hast du am Anfang vielleicht doch recht gehabt.

Aber du kannst ihn trotzdem nicht einen Idioten nennen.

Verallgemeinerungen – eine Gemeinheit

Eine der ärgerlichsten Angewohnheiten der Spezies Elter ist die Verallgemeinerung hinsichtlich ihres Nachwuchses, nämlich ein menschliches Wesen mit einem Wort oder einem Satz auf einen Nenner zu bringen. Du haßt es doch wie die Pest, wenn deine Eltern sagen:

„Was bist du nur immer für eine Heulsuse."

„Was du bist du doch für ein Feigling."

„Du bist nichts anderes als ein verwöhntes Balg."

„Du bist ein selbstsüchtiges, undankbares Kind."

„Ständig beschwerst du dich und jammerst."

„Du lebst in einer Traumwelt."

Du magst tatsächlich, wie jeder andere auch, gelegentlich feige oder selbstsüchtig sein. Vielleicht beschwerst du dich auch und jammerst. Aber es ist sehr zweifelhaft, daß deine Persönlichkeit keine anderen Seiten hat. Sicher gibt es auch Zeiten, in denen du tapfer, rücksichtsvoll, großzügig und tolerant bist. (Wenn auch vielleicht nicht gerade deinen Eltern gegenüber.)

Verallgemeinerungen sind eine gefährliche Angewohnheit, und zwar aus zwei Gründen:

1. Sie verletzen. Niemand läßt sich gern als selbstsüchtig, als Heulsuse oder als Monster bezeichnen.
2. Solche Etikettierungen entwickeln leicht eine Eigendynamik, so daß genau das abgelehnte Verhalten dadurch gefördert wird.

Deine Eltern neigen dazu, nur noch das Verhalten zu bemerken, das ihre Meinung bestärkt, und anderes Verhalten gar nicht mehr wahrzunehmen. Du wiederum hast ja dein Etikett schon weg, also kannst du diesem Bild genausogut entsprechen. Was hast du denn zu verlieren? Wenn deine Eltern beschlossen haben, daß du nichts anderes kannst, als dich zu beschweren und zu jammern, dann tust du es eben auch.

Verallgemeinerungen funktionieren auch in die andere Richtung. Kids definieren ihre Eltern mit den gleichen unangenehmen verheerenden Folgen:

„Du machst dir ja immer nur Sorgen."

„Du läßt mich nie etwas machen."

„Du bist einfach nur ein gemeiner Antreiber, dem es Spaß macht, andere herumzukommandieren."

Wie durchbrichst du den Kreislauf der Verallgemeinerungen?

1. Geh mit gutem Beispiel voran. Mach keine solchen verallgemeinernden Aussagen mehr. Du möchtest doch schließlich nicht, daß sie sich tatsächlich deinem Etikett entsprechend verhalten.

2. Wenn sie dich mit einem Etikett versehen, dann laß sie wissen, wie du dich, da sie ihr Urteil ja schon gefällt haben, dabei fühlst: verletzt, ein hoffnungsloser Fall, angegriffen, aufgegeben. Frag sie, ob sie nicht einfach deine Handlungen beurteilen können, ohne deine ganze Person mit einem Stempel zu versehen.

3. Führe eine Liste, mit deren Hilfe du ihr Urteil widerlegen kannst. Auch wenn es albern erscheint, wirst du ihnen so klarmachen können, worum es geht. Deine Eltern werden merken, wie sehr ihre Verallgemeinerungen dir etwas ausmachen, wenn sie dich das nächste Mal ein verwöhntes, selbstsüchtiges Balg nennen, und du antwortest:

   „Seitdem ihr angefangen habt, mich ein verwöhntes, selbstsüchtiges Balg zu nennen, habe ich beschlossen, mir Sachen aufzuschreiben, um festzustellen, ob das wirklich wahr ist. Vielleicht wollt ihr mal ein paar Dinge hören, die ich getan habe, die ganz und gar nicht selbstsüchtig sind ..."

Dann lies ihnen deine Liste vor. Bleib ganz ruhig dabei. Du willst ja nicht, daß sie in eine Abwehrhaltung gedrängt werden oder daß es so aussieht als wolltest du ihre Meinung in Frage stellen. (Im Umgang mit Eltern kannst du nicht vorsichtig genug sein – sie sind ja sooooo sensibel!)

Stop! Im Namen der Liebe

Elterliche Redewendungen, die jedes Kind die Wand hochgehen lassen

„Weil ich es sage."

Wenn du jedesmal, wenn deine Eltern diese praktische Wendung benutzen, einen Fünfer kriegen würdest, könntest du dich schon zur Ruhe setzen. Diese beleidigende Redewendung kommt in vier verschiedenen Arten daher. Allerdings verhält es sich mit ihr ähnlich wie mit einem Stinktier – egal, wie sehr du es parfümierst, es stinkt trotzdem.

Diese Redewendung wird unweigerlich ausgelöst von der Frage: „Warum nicht?"

„Kann ich mein eigenes Telefon bekommen?"

„Nein."

„Warum nicht?" (Paß auf! Jetzt kommt es.)

„Weil eben nicht."

„Warum denn nicht?"

„Weil ich es sage."

„Aber ich seh nicht ein, warum nicht. Ich bezahle es von meinem Geld."

„Weil ich deine Mutter bin und es nicht erlaube, deshalb."

„Aber warum denn nicht? Es kostet dich doch nichts! Ich habe gesagt, daß ich es selbst bezahle. Warum kann ich es nicht haben?"

„Weil ich deine Mutter bin und nein gesagt habe, und damit Ende der Debatte!"

Du siehst ganz deutlich, wie diese Mutter ihre Antwort damit unterstrichen hat, indem sie folgerichtig alle vier Versionen dieser Redewendung benutzt hat. Laß uns dieses unheilige Vierergespann etwas näher betrachten.

1. **„Weil eben nicht."**
   Das ist die am wenigsten kränkende Version, denn sie klingt, als

seist du das Opfer einer Himmelsmacht, die stärker ist als die deiner Eltern. Wie kannst du gegen eine Himmelsmacht ankämpfen?

2. **„Weil ich es sage."**
   Das läßt vermuten, daß deine Eltern ein verlängerter Arm der genannten Himmelsmacht sind und als solcher überredet werden können. Glaube nicht daran!
3. **„Weil ich deine Mutter/dein Vater bin und es dir nicht erlaube."**
   Diese Variation schließt nicht nur die beiden vorher genannten ein, sondern erinnert dich auch an deinen niedrigen Status in der Eltern-Kind-Beziehung. Du verlierst rasch an Boden.
4. **„Weil ich deine Mutter/dein Vater bin und nein gesagt habe, und damit Ende der Debatte!"**
   Diese Variante beinhaltet sämtliche möglichen Ablehnungen. Du kämpfst gegen Mutter, Vater, Gott höchstpersönlich, das ganze Land und die Unendlichkeit des Universums. Keine Chance. Vergiß es.

Wir befinden uns nun in einer schwierigen Situation. Die Tatsache, daß deine Eltern eine „Weil-ich-es-sage"-Antwort benutzt haben, läßt vermuten, daß sie entweder a) genervt sind oder b) sich bedrängt fühlen. Jetzt weiter auf einer Erklärung zu bestehen, führt wahrscheinlich nirgendwohin oder provoziert die zweite Verteidigungsausrede der Eltern:

„Wir sind dir keine Erklärung schuldig. Du tust, was ich dir gesagt habe."

Es gibt zwei Dinge, die du tun kannst, um die Benutzung dieser aufreizenden „Weils" zu verhindern:

1. Benutze die Strategien aus diesem Buch, so oft du kannst. „Weil ich es sage" ist eine respektlose Redewendung. Sie ist eine Geringschätzung deiner Person und besagt, daß du kein Recht hast zu wissen, welcher Grund hinter einer Entscheidung steht, die dich betrifft. Der ganze Sinn dieses Buches liegt darin, die Kommunikation in Gang zu setzen und es zu ermöglichen, daß in deiner Familie Entscheidungen miteinander getroffen werden. Deine Eltern sollen dazu erzogen werden, daß sie dich genug respektieren, um ihre Gefühle und Gedanken zu erklären. Wenn du sie mit der Zeit dazu bekommst, ihre Haltung zu ändern, wird es immer unwahrscheinlicher werden, daß sie dich dann noch in einer solch demütigenden Weise behandeln.

2. Geh einige Zeit nach diesem Zwischenfall zu dem betreffenden Elternteil. Wähle dazu eine ruhige Stunde, in der du dich selbstsicher und gelassen fühlst. (Ach, komm schon, das wird doch wohl wenigstens ab und zu der Fall sein.) Nun versuche etwas in der Art:

   „Sag mal, Mama, erinnerst du dich daran, als ich dich kürzlich gefragt habe, ob ich ein eigenes Telefon haben könnte, und du nein gesagt hast?"

   „Hmmmm?" (Vorsicht! Mama verspannt sich bereits.)

   „Ich will dich jetzt gar nicht bitten, deine Meinung zu ändern oder so etwas. Ich wollte dich nur bitten, mir den Grund dafür zu erklären. Ich meine, ich war wirklich überrascht, als du nein gesagt hast, und ich dachte, daß ich vielleicht wissen könnte, warum du nein gesagt hast. Dann würde ich das auch verstehen, und es würde mir nicht so viel ausmachen."

Wenn du den richtigen Moment ausgesucht hast und in einer freundlichen, natürlichen Art fragst, müßtest du eigentlich die Erklärung bekommen, die du willst. Nun hör genau zu. Nachdem du dann weißt, warum deine Mutter „nein" gesagt hat, fällt dir vielleicht etwas ein, um ihre Einwände zu entkräften. Was immer du auch tust, versuche nicht, sie sofort umzustimmen. Arbeite lediglich an deiner Informationssammlung, bedanke dich und gehe.

Du möchtest doch nicht, daß sie sich ausgetrickst fühlt. Eine große Diskussion an dieser Stelle würde sie das nächste Mal garantiert davon abhalten, dir eine Erklärung zu geben. Sie hätte guten Grund zu sagen: „Wenn ich dir sage, warum, dann fängst du nur wieder an, mit mir darüber zu diskutieren."

Nein, du wirst ohne große Worte gehen. Ihre Erklärung leuchtet dir vielleicht sogar ein, und du läßt die ganze Sache fallen. Wenn du allerdings glaubst, ihre Einwände widerlegen zu können, bringe das Ganze beim nächsten Familienrat zur Sprache (siehe Kapitel 5).

Vergiß nicht, deutlich zu machen, daß du das Recht deiner Eltern auf gewisse Gefühle und Meinungen akzeptierst, selbst wenn du ihnen nicht zustimmst. Setze aktives Zuhören und die Ich-Botschaften ein, um alles unter Kontrolle zu halten. Aber egal, was du tust, greife deine Eltern nicht an, während sie dir ihre Erklärung geben.

„Warum nicht?"

Weil ich es sage!

„Du hast keinen Respekt vor der Autorität deiner Eltern“

Weshalb solltest du auch? Die Autorität, die du respektieren sollst, respektiert dich schließlich auch nicht! Es ist eine Autorität, die auf Furcht und Einschüchterung beruht, Autorität, die dazu geschaffen ist, dich klein zu halten, damit du sie nicht herausfordern kannst.

Natürlich hast du keinen Respekt für diese Art von Autorität. Das hätten deine Eltern auch nicht, weshalb es dich auch so ärgert, wenn sie diese Bemerkung loslassen. Es verletzt deinen Gerechtigkeitssinn. Wenn Autorität aus sich selbst heraus Respekt verlangte, ohne Berücksichtigung von Werten und Verhalten, die damit verknüpft sind, dann hätten viele Revolutionen nicht stattgefunden.

Du respektierst Autorität sehr wohl. Das nächste Mal, wenn deine Eltern dir diesen Satz an den Kopf werfen, sag ihnen das. Erkläre ihnen, daß du Autorität respektierst, die fair und gerecht ist und auf individuelle Rechte Rücksicht nimmt, eine Autorität, die auf Demokratie, Ehre und echter Anteilnahme beruht. Möglicherweise betrachten sie diese Erklärung als weiteres Zeichen der Respektlosigkeit gegenüber Autorität. Aber sieh es so – Rom wurde auch nicht an einem Tag erbaut.

„Als ich in deinem Alter war ...“

Du meinst, als Dinosaurier noch auf der Erde wandelten? Warum ruft dieser Ausspruch unweigerlich ein Gähnen und verdrehte Augen hervor? Warum tritt selbst der aufgeschlossenste Teenager bei dieser Äußerung augenblicklich geistig weg? Aus vier guten Gründen:

1. Dieser Ausspruch ist häufig die Einleitung zu einem VORTRAG. Wir wissen, was passiert, wenn Kindern klar wird, daß ihre Eltern ihnen einen Vortrag halten wollen. – Gähn, schnarch, schnorchel ...
2. Dieser Ausspruch beinhaltet meist eine Analyse, Verurteilung oder herbe Kritik.

„Als ich in deinem Alter war, war ich stolz darauf und hab mir Mühe gegeben, gut auszusehen.“ (Damals konntest du vielleicht auch noch stolz auf dein Aussehen sein.)

„Als ich in deinem Alter war, haben Kinder die Älteren in der Familie noch respektiert.“ (Damals hatten die Älteren den Respekt vielleicht auch noch verdient.)

„Als ich in deinem Alter war, kannte ich noch den Wert einer Mark." (Damals hatte eine Mark auch noch einen Wert.)

3. Dieser Ausspruch ist oft die Einleitung zu einer völlig unerheblichen Erklärung.

   „Als ich in deinem Alter war, habe ich nicht meine ganze Zeit damit verbracht, im Einkaufszentrum herumzuhängen." (Das liegt nur daran, daß du auf dem Land aufgewachsen bist, Papa.)

4. Schließlich dient dieser Ausspruch auch noch als Einleitung zu Produkten blühendster Phantasie.

   „Als ich in deinem Alter war, habe ich jeden Nachmittag bis in den Abend hinein mindestens sechs Stunden an meinen Hausaufgaben gesessen." (Wie kommt es dann nur, daß Großmutter erzählt, daß du in der Zehnten durchgefallen bist?)

   „Als ich in deinem Alter war, habe ich mich nicht geweigert, in Haus und Garten mitzuhelfen." (Das liegt nur daran, daß du mit einem Kindermädchen, einem Koch, zwei Küchenhilfen, einem Gärtner und einem Butler aufgewachsen bist.)

Zum Verrücktwerden, nicht wahr? Es ist schwer, den Eltern diese schlechte Angewohnheit abzugewöhnen. Um zumindest die Anzahl dieser traurigen Bemerkungen zu senken, solltest du ihnen immer einen Schritt voraus sein. Sammle Informationen. Frag deine Eltern über ihre Kindheit aus, ihre Familie, Erfahrungen mit der Schule und Gefühle während der Pubertät. Je mehr du ihren Drang befriedigen kannst, über das Leben „als ich in deinem Alter war" zu sprechen, desto weniger werden sie sonst damit ankommen.

„Eines Tages wirst du uns dafür dankbar sein."

Ja, ja, schon gut. Und eines Tages wird die gute Fee erscheinen, und deine Eltern werden aufhören, dich zu nerven, und deine Lieblingsband spielt zu deinem Geburtstag nur für dich! „Eines Tages wirst du uns dankbar dafür sein" läßt jeden Teenager die Hände zu Fäusten ballen. Aber warte – das ist noch nicht alles. Da gibt es noch eine andere Redewendung, die genauso ekelhaft ist und mit Begeisterung verwendet wird:

„Es ist nur zu deinem eigenen Besten.“

Ebenso wie das widerliche „Eines Tages ...“ wird diese Redewendung von Eltern gern benutzt, nachdem sie dich maßlos enttäuscht haben. Anstatt dich zu beruhigen, machen es diese belehrenden Lächerlichkeiten nur noch tausendmal schlimmer. Das läuft ungefähr so ab:

> ***Deine Eltern haben gerade verkündet, daß sie dich nicht zu dem Techno-Konzert im Kolloseum gehen lassen. Du hast schon zu deinen Freunden gesagt: „Kein Problem, ich komme mit.“***
>
> ***„Liebling“, erklären deine Eltern, während sie vor Verständnis aus allen elterlichen Poren triefen, „es ist ja nicht so, daß wir dir nicht vertrauen oder dich unglücklich machen wollen. Aber das Kolloseum ist so weit weg, und wir machen uns Sorgen, wenn du so spät noch unterwegs bist. Und dann noch all die Drogen und Gewalt bei diesen Konzerten. Wir wissen, daß du das nicht verstehst, aber es ist nur zu deinem eigenen Besten.“***

Wie es „zu deinem eigenen Besten“ sein soll, wenn du am Freitag abend zu Hause sitzt, während all deine Freunde bei dem Konzert sind, geht über dein Fassungsvermögen. Es ist auch das letzte, was du hören möchtest. Korrekt wäre, wenn sie sagten:

> ***„Wir wissen, daß wir grausam und unfair sind und dich wie ein Baby behandeln. Natürlich macht dich das zum Gespött deiner ganzen Freunde, und du wirst es niemals überleben. Du hast allen Anlaß, uns zu hassen. Schließlich sind wir die schlimmsten Eltern auf der ganzen Welt.“***

So in etwa wäre es zutreffend. Aber auch alles andere wäre noch besser als diese scheinheilige Schnulze. Das „Nein“ an sich ist schlimm genug. Soll der Satz „zu deinem eigenen Besten“ bei dir auch noch Dankbarkeit und Begeisterung auslösen?

Das nächste Mal, wenn deine Eltern mit dieser schwülstigen Redewendung ankommen, probiere es mit einer dieser beiden Ideen:

1. Ignorieren! Wenn deine Eltern sich nicht entblöden, eine so unmögliche Entscheidung überhaupt zu treffen, dann ist es nur logisch, daß sie sie noch mit einer beknackten Bemerkung krönen. Ignoriere es so gut du kannst, versenke dich in tiefe Meditation und erneuere deinen Vorsatz, die Strategien in diesem Buch anzuwenden und einzusetzen, so daß du deinen Eltern baldmöglichst dieses kindische Verhalten abgewöhnen kannst.

2. Sag ihnen mit deinen eigenen Worten:

   „Ich wünschte, ihr würdet das nicht ständig sagen. Wenn ich schon nicht gehen darf, sollte ich wenigstens wütend sein dürfen!"

„Wir werden sehen."

„Mama, kann ich morgen ins Kino gehen?"

„Wir werden sehen."

„Papa, kannst du mit mir am Samstag meinen Kassettenrecorder reparieren?"

„Wir werden sehen."

„Kann ich ...?" Wir werden sehen.

„Könntest du ...?" Wir werden sehen.

Wer ist denn „wir"? Du fragst deine Mutter etwas. Sie ist die einzige Person weit und breit, und sie antwortet: „Wir werden sehen." Du bist ganz allein mit deinem Vater im Auto, stellst ihm eine Frage, und er antwortet: „Wir werden sehen." Die andere Hälfte des „wir" kann doch wohl nicht der andere Elternteil sein? Wenn es so wäre, könnte deine Mutter ja sagen: „Ich muß erst noch mit deinem Vater darüber sprechen", und dein Vater könnte antworten: „Deine Mutter und ich werden darüber nachdenken."

Es ist zweifelsohne sehr mysteriös, dieses „wir". Kein Wunder, daß es für Teenager geradezu eine Herausforderung darstellt, nach dem „wir" zu forschen, das sehen wird. Während du dich an dieses allgegenwärtige Wesen heranmachst, schadet es jedoch nicht, dich mit den vielen Bedeutungen dieser Redewendung vertraut zu machen.

- **Bedeutung Nr. 1:** Ich bin müde und habe zu tun und kann mich jetzt gerade nicht mit dir beschäftigen. Hier ein Beispiel:

  „Kann ich für heute ein paar Freunde über Nacht einladen?"

  „Wir werden sehen."

- **Bedeutung Nr. 2:** Die Antwort lautet Nein, aber ich habe keine Lust, mich jetzt mit dir darüber zu streiten. Hier ein Beispiel:

  „Darf ich dieses Wochenende mit Janie und ihrer älteren Schwester zum Strandhaus ihrer Eltern fahren?"

  „Wir werden sehen."

- **Bedeutung Nr. 3:** Es hängt alles von deinem Verhalten zwischen jetzt und dann ab. Wie lobenswert wirst du dich verhalten? Hier ein Beispiel:

  „Kann ich einen Walkman zum Geburtstag bekommen?"

  „Wir werden sehen."

- **Bedeutung Nr. 4:** Du bist über ein Geheimnis gestolpert, und ich werde es dir nicht verraten. Hier ein Beispiel:

  „Kann ich einen Walkman zum Geburtstag bekommen?"

  „Wir werden sehen."

Und schließlich kommt noch der einzig akzeptable Gebrauch dieser Wendung, soweit es dich betrifft:

- **Bedeutung Nr. 5:** Ich wette, du erwartest, daß ich nein sage, aber ob du es glaubst oder nicht, es besteht die Chance, daß ich tatsächlich ja sage. Hier ein Beispiel:

  „Kann ich einen Walkman zum Geburtstag bekommen?"

  „Wir werden sehen."

Was solltest du tun, wenn deine Eltern sagen: „Wir werden sehen"? Am besten, du bleibst ruhig und gelassen. Du bist Zeuge eines angeborenen Verhaltens der Spezies Elter. (Ähnlich wie wenn du den Ausdruck „Nichts" als Antwort auf jegliche Art von neugierigen Fragen gebrauchst.) Obwohl es nahezu unmöglich erscheinen könnte, deinen Eltern diese Angewohnheit abzugewöhnen, sind hier dennoch einige Vorschläge:

- Wenn du denkst, dein/e Vater/Mutter meint Bedeutung Nr. 1, kannst du sagen: „Du scheinst jetzt gerade ziemlich beschäftigt zu sein. Ich frag dich später noch mal." (Noch besser: Du hilfst mit und stellst dann die Frage wieder. Dadurch könntest du die Wahrscheinlichkeit auf eine positive Antwort erhöhen.)
- Wenn du vermutest, daß Bedeutung Nr. 2 dahintersteckt, dann sagst du am besten: „Wenn die Antwort nein ist, dann wäre es mir lieber, du sagtest es mir gleich, damit ich mir nicht erst große Hoffnungen mache und dann völlig fertig bin, weil ich so enttäuscht bin." Das sollte die Entscheidung zumindest beschleunigen.
- Bei Bedeutung Nr. 3 ist die Möglichkeit klar: Sei so liebenswert wie nur möglich, und nach einer besonders netten Nettigkeit dei-

nerseits, gib einen kleinen Hinweis, wie: „Sag mal, Mama, hast du dir schon jemals diese Wahnsinnskopfhörer aufgesetzt?“ oder: „Meine Nerven, was würde ich nicht für einen Walkman geben.“

- Bei Bedeutung Nr. 4 halt einfach den Mund und drück die Daumen.
- Und wenn du schließlich glaubst, daß Bedeutung Nr. 5 in Frage käme, dann fall sofort auf die Knie, nimm eine schmeichelnde, wenn auch nicht gerade kriecherische Haltung ein und beginne zu tönen:

  „Bitte, bitte, bitteee! Wenn du ja sagst, werde ich dir das nie vergessen, ich werde sogar mein Zimmer aufräumen UND saubermachen, bitte? Bitte?!“

Sätze, bei denen Eltern garantiert rotsehen

- Nicht, damit du sie *anwendest*, sondern damit du sie *vermeidest*.
- Wenn du nur deinen Mund halten könntest, dann kämst du nicht ständig in Schwierigkeiten!

„Du hast mir überhaupt nicht zu sagen, was ich tun oder lassen soll!“

Natürlich sagen sie dir, was du zu tun oder zu lassen hast. Ob du es dann tust oder nicht, steht nicht zur Debatte. Das Problem mit diesem Satz ist, daß er sofort jeden Streit in einen Machtkampf zwischen dir und deinen Eltern verwandelt. Wenn das erst geschehen ist, seid ihr alle in großen Schwierigkeiten. Denn deine Eltern werden niemals zugeben, daß sie dir nicht zu sagen haben, was du tun sollst, und du wirst niemals zugeben, daß sie das leider doch können. Also werdet ihr euch über ihr Recht streiten, ob sie es nun können oder nicht, worum es also nicht im entferntesten geht. Solange du ihnen nicht ein Paar Socken in den Mund stopfst, werden sie dir immer sagen können, was du tun sollst. Was du eigentlich sagen willst, ist:

„Ihr könnt mich nicht dazu zwingen!“

Das kommt dem wohl näher. Wenn du schon einen Wahnsinnsstreit haben willst, dann doch wenigstens über den eigentlichen Anlaß: Ob sie dich dazu zwingen können, etwas zu tun, wobei du ihnen bereits

gesagt hast, daß sie dir nichts zu sagen haben. Trotz deines Hinweises jedoch *haben* sie dir gesagt, was du tun sollst, und plötzlich findest du dich in folgendem Dialog wieder:

„Ich mach das nicht."

„Doch, das tust du."

„Nein, tu ich nicht."

„O doch, du tust es."

„O nein, tu ich nicht."

„O doch, du tust es!"

„Du kannst mich nicht dazu zwingen!"

„Das werden wir schon sehen!"

Die Kampflinien sind gezogen. Der Einsatz wird größer. Der Krieg eskaliert. Zuerst wird leichte Artillerie eingesetzt:

„Es gibt kein Fernsehen mehr für eine Woche."

„Du kannst mich nicht dazu zwingen."

„Und du gehst nicht zu dem Fußballspiel am Freitag."

„Du kannst mich trotzdem nicht dazu zwingen."

Deine Eltern setzen Verstärkung ein:

„Du solltest aufpassen, was du sagst, oder du bekommst für einen Monat Hausarrest."

„Das ist mir egal, ihr laßt mich sowieso nie was machen."

„Wenn du nicht aufpaßt, junger Mann, dann kannst du die Radtour mit deinen Freunden im Sommer auch vergessen."

Du hast ihren Bluff durchschaut und sagst es auch:

„Das würdet ihr nie tun. Ihr wollt mich doch gar nicht den ganzen Sommer zu Hause haben."

Schweres Geschütz diesmal:

„Sei nicht so respektlos." (Eine Redewendung, die Eltern oft gebrauchen, wenn ihre Kinder den Nerv der Wahrheit treffen.) „Du hast einen ganzen Monat Hausarrest von heute an. Du kommst von der Schule sofort nach Hause. Kein Fernsehen, kein Besuch von Freunden, kein Telefon."

„Ihr könnt mich trotzdem nicht zwingen."

Sie wissen, daß sie dich nicht zwingen können. Du bist nicht mehr vier Jahre alt. Die Tatsache, daß sie dich immer weniger dazu kriegen können, das zu tun, was sie wollen, und du immer öfter tust, was sie nicht wollen, ist der Grund für die größten Eltern-Teenager-Machtkämpfe. Deshalb solltest du diesen Satz vermeiden. Während du dich von deinen Eltern löst, erkennst du deine Macht. Im gleichen Maß, in dem deine Macht wächst, nimmt die deiner Eltern ab. Aber du solltest nicht mit dem Kopf durch die Wand gehen. Du gerätst mit deinen Eltern zusammen in eine Falle, in der ihr beide dann gleichermaßen gefangen seid.

Sieh es einmal so: Wenn du zu einem Abwasserkanal gelangst, würdest du ihn dann umgehen oder hineinspringen? Natürlich würdest du ihn umgehen. Und wenn du einen Swimmingpool voller Piranhas vor dir hättest? Würdest du hineinspringen? Ganz bestimmt nicht. Also, warum willst du dich dann blind in den Abgrund tiefster Auseinandersetzung stürzen, nur um das Wohlwollen deiner Eltern zu verlieren?

Statt euch gegenseitig in einsame Ecken zu drängen, solltet ihr euch in der Mitte treffen, wo eine Lösung gefunden werden kann! Deine Ehre als aufmüpfiger Jung-Erwachsener wird dabei nicht angekratzt.

„Schließlich habe ich nicht darum gebeten, geboren zu werden."

Wenn wir unser diesbezügliches Wissen in Betracht ziehen, hast du in dem Punkt sicher recht. Aber was genau ist der Punkt? Jetzt ist es eindeutig zu spät für diese Diskussion. Sie hätte dann schon in der Gebärmutter ausgetragen werden sollen. Dieser Satz wird den Eindruck deiner Eltern, daß du unreif bist, leider nur verstärken, was du ganz sicher nicht willst. Gib ihnen nicht diese Art von Waffen in die Hände.

„Jimmys Mutter läßt ihn auch."

Dieser Vorwurf provoziert eine Reaktion bei deinen Eltern, die deiner ähnelt, wenn sie sagen: „Iß auf. In Indien sterben die Kinder." Gähn. Ja und? Natürlich macht es dir etwas aus, daß in Indien die Kinder sterben, genauso wie in Pakistan und in Afrika und (obwohl es manche nicht glauben) auch hier in Europa. Aber was zum Teufel hat das damit zu tun, ob du aufißt oder nicht? Es ist ja nicht so, daß du deinen Kartoffelbrei einpacken und per Eilboten nach Kalkutta schicken könntest.

Für deine Eltern hat der Hinweis: „Jimmys Mutter läßt ihn auch" die gleiche Wichtigkeit: nämlich keine. Jimmys Mutter kann sich genausogut in Indien bei den hungernden Kindern befinden, denn Jimmys Mutter hat nichts mit dir, deiner Mutter, deinem Vater oder deinem Problem zu tun. Deshalb wird deine Mutter darauf wahrscheinlich auch antworten:

> ***„Nun, ich bin nicht Jimmys Mutter, und du bist nicht Jimmy." (Genial, Mama!)***

Sieh mal, die Atmosphäre heizt sich bereits auf. Um Himmels willen, laß nicht noch mehr heißen Dampf ab.

„Du verstehst das einfach nicht."

Die absolute Zurückweisung. Damit kannst du deine Eltern völlig fertigmachen. Normalerweise aus Verzweiflung ausgerufen, führt „Du verstehst das einfach nicht" dazu, daß die Eltern sich so klein wie Ameisen fühlen. Und selbst das ist vielleicht noch zu gut für sie, nachdem, was sie dir angetan haben.

Aber ehrlich, was haben sie denn genau getan, um diese absolute Ablehnung zu verdienen? Wahrscheinlich haben sie dich nicht ernst genommen. Sie haben vielleicht über etwas gelacht, was dir wichtig war, sie haben dein Recht auf gewisse Gefühle mit Füßen getreten. Sie legen ihren Maßstab an, um deine Welt zu zerlegen. Als ob *du* empfinden solltest, was *sie* empfinden, als ob ein Vierzehnjähriger genauso wie ein Vierzigjähriger reagieren könnte.

> ***„Du benimmst dich kindisch."***
>
> ***„Das ist nur eine Phase, die du durchmachst."***
>
> ***„Wenn du älter bist, wirst du darüber lachen."***
>
> ***„Es ist nur ein Abend."***
>
> ***„Du wirst andere Freunde haben."***

Sie wollen, daß du die Sache aus einer Perspektive siehst, die für dein Leben, dein Alter und deine Entwicklung nicht angemessen ist. Erschöpft fällt dir nur noch „Das versteht ihr nicht" ein. Was kann man darauf noch sagen?

Das Problem ist, wenn sie es jetzt nicht verstehen, werden sie es auch später nicht verstehen. Nichts wird sich ändern, wenn du es nicht änderst. Mit den Strategien aus diesem Buch brauchst du diesen Satz nicht mehr. Benutze lieber sie, statt abgedroschener Sätze!

„Das ist mir egal."

O nein, das ist es nicht, sonst hättest du das nicht gesagt. Was ist passiert? Haben dir deine Eltern gedroht? Und du versuchst jetzt, ihnen den Boden unter den Füßen wegzuziehen, indem du eine „Mir-doch-verdammt-egal-wenn-ihr-mich-treffen-wollt-müßt-ihr-euch-schon-was-Besseres-einfallen-lassen-Haltung" einnimmst.

Was dir jedoch leider im Sturm deiner Entrüstung entgeht, ist folgendes: Mit „Mir doch egal" bist du sofort der Verlierer. Paß auf:

> ***„Wenn deine Noten nicht besser werden, müssen wir dir die Stereoanlage wieder wegnehmen."***
>
> ***„Mir doch egal."***

Nehmen wir mal an, deine Eltern glauben dir. Dann hast du ihnen gerade die Erlaubnis gegeben, alles zu tun, was ihnen einfällt. Wolltest du das?

Aber auch dieser Satz wird dir immer seltener herausrutschen, je mehr Strategien aus diesem Buch du kennenlernst. Und das ist gut so, denn zum einen funktioniert „Mir doch egal" sowieso nicht, und zum anderen wirst du deine Eltern so erziehen, daß es *ihnen* wichtig ist, daß *dir* nicht alles egal ist. Von jetzt an hast du viel bessere Chancen, wenn du sagst:

> ***„Warte mal. Das macht mir aber schon etwas aus."***

„Ihr liebt mich einfach nicht."

Na, na, na! Billig. Sehr billig. Du willst dich doch nicht wirklich auf diese Ebene begeben, oder? Außerdem werden sie lediglich antworten:

> ***„Wenn wir dich nicht lieben würden, könnten wir dich ja alles tun lassen, was du willst. Aber weil wir dich lieben, heißt die Antwort nein."***

Und wie weit bringt dich das?

„Ich hab doch gesagt, daß es mir leid tut."

Es wirkt immer, wenn du sagst, daß es dir leid tut, denn es liefert dich letztlich der Gnade der Herrscher aus. Eltern mögen das. Du machst dich verletzbar, genau wie eine auf den Rücken gedrehte Schildkröte.

Du sagst:

„Es tut mir leid, es tut mir wirklich leid."

Die Botschaft dahinter lautet:

„Was kann ich denn sonst noch tun? Ich habe gesagt, daß es mir leid tut. Schlagt mich, reißt mich in Stücke und serviert mich als Hamburger. Es tut mir leid, es tut mir leid, was wollt ihr denn noch?"

Zu sagen, daß es dir leid tut, ist eine gute Verteidigungsstrategie, denn die meisten vernünftigen Eltern werden nun Mitleid mit dir haben und äußerst verständnisvoll sein. Wenn wir uns allerdings die Aussage: „Ich hab doch *gesagt*, daß es mir leid tut" genauer ansehen, ist das Ganze doch eine recht dürftige Entschuldigung. Als ob es okay wäre, alles zu tun, solange du dich hinterher dafür entschuldigst. Als ob du dächtest, nur weil du gesagt hast, daß es dir leid tut, sollte es jetzt aber auch gut sein. (Das genau hast du ja auch gedacht.) Aber der Schlußstrich unter die Angelegenheit muß von deinen Eltern kommen, weil sie dich dann als bekehrten Sünder betrachten können, der um ihre Gnade und Vergebung bittet.

„Nichts."

„Was habt ihr denn heute in der Schule gemacht?"

„Nichts."

„Was um Himmels willen geht denn da drin vor?"

„Nichts."

„Sieh dich nur mal an! Dein Hemd ist zerrissen, und du hast lauter Kratzer. Was ist denn passiert?"

„Nichts."

Wie das „Wir werden sehen" deiner Eltern bedeutet das Wort „Nichts" hier: „Das-letzte-was-ich-jetzt-will-ist-auf-deine-Frage-antworten." Aber alles ist besser als „nichts". Wirf deinen Eltern ein paar Krumen hin. Dann fühlen sie sich nicht zurückgewiesen und sind nicht sauer. Sie möchten das Gefühl haben, daß du ihnen vertraust und mit ihnen redest. Du brauchst ihnen ja trotzdem nichts zu erzählen.

Der Trick dabei ist, ihnen genug zu erzählen, damit das elterliche „Bedürfnis, Bescheid zu wissen" befriedigt wird. Wobei wesentliche Dinge ja nicht erwähnt werden müssen.

Stellen wir die elterliche Frage von vorhin noch einmal. Nur daß wir diesmal Mama und Papa ein paar Brocken hinwerfen. Zum Beispiel als Antwort auf „Was habt ihr denn heute in der Schule gemacht?" brauchst du ihnen nicht zu erzählen, was du und deine Freunde nach dem Sportunterricht im Umkleideraum mit Johnny Nerdskys Kleidung angestellt habt. Und warum solltest du von der unerfreulichen Unterredung mit einem deiner Lehrer bezüglich deiner „Einstellung" berichten? – Wichtig ist, daß deine Eltern sich besser, nicht schlechter fühlen sollen. Biete ihnen ein paar leicht verdauliche Häppchen an und serviere sie mit Schwung und Begeisterung.

Elterliche Frage Nr. 1:

„Was habt ihr denn heute in der Schule gemacht?"

„Nicht besonders viel. Wir haben die Geschichts-Ex rausbekommen", (der Grad der Enthüllung liegt bei dir), „und im Sportunterricht haben wir wieder mal an den Geräten geturnt. Mrs. Bedrock ist immer noch krank, und ich soll ein Referat vorbereiten ... ach du Schande, jetzt muß ich aber los. Wir reden später weiter, tschüs, Mama."

Jeder profitiert davon. Du hast nichts von Bedeutung enthüllt, und deiner Mama ist das Herz warm geworden, weil sie an deinem Leben teilhaben durfte. Sie tröstet sich damit, daß du zu beschäftigt bist, um länger mit ihr reden zu können. (Wenn du Glück hast, langweilt deine Mutter dein schulischer Tagesablauf bald genauso wie dich, und sie hört auf zu fragen.)

Elterliche Frage Nr. 2:

„Was um Himmels willen geht denn da drin vor?"

„Oh, tut mir leid, Papa." Räusper, kicher. „Wir wollten dich nicht stören." Noch mehr Kichern unter vorgehaltener Hand. „Wir waren wohl ein bißchen zu laut." Ein treuherziger Blick aus großen, unschuldsvollen Augen. „Wir werden versuchen, leiser zu sein."

Wenn er wüßte ... Aber er weiß nichts, denn du hast ihm nichts gesagt, sondern nur das Gefühl gegeben, daß er auch noch da ist. Jeder ist zufrieden.

...Wie war denn heute die Schule?
Okay.
...Wie ist deine Probe gelaufen?
Okay.
Was hast du heute abend vor?
Weiß nicht..
Mein Gott! Meine Mutter ist so neugierig! Die kriegt alles aus mir heraus!

Elterliche Frage Nr. 3:

„Sieh dich nur mal an! Deine Kleidung ist zerrissen, und du bist vollkommen zerkratzt. Was ist denn passiert?"

„Wenn du es wirklich wissen willst: Erinnerst du dich an Eddie Rich? Na ja, Eddie hat diesen Cousin, der letztes Jahr dieses Mädchen kennengelernt hat, die im letzten Sommer mit Laura Soames zusammen war, und sie haben sich mit Ida Billings zusammengetan, die mich nicht leiden kann, weil sie denkt, ich hätte Max Feinstein, der vor Eddie ihr Freund war, erzählt, was Keith nach dem Tanzen über sie gesagt hat, aber das war gar nicht ich, das war Alvin Kramer. Na ja, jedenfalls ..."

„Hör mal, warum gehst du dich nicht einfach waschen und umziehen. Das Essen ist schon fast fertig."

Finde die Störstellen, noch bevor sie stören

In der Hitze des Gefechts

Mitten in einem Streit, wenn jeder geladen ist, wird niemand offen für Kompromisse sein oder dem anderen überhaupt richtig zuhören.

Am besten begibst du dich aus der Gefahrenzone. Hör auf mit dem Streit. Laß es nicht bis zu dem Punkt kommen, wo die Linien in der Arena schon gezogen sind oder gar ein Ultimatum gestellt wurde. Das kannst du auf zwei Arten tun:

1. Wenn ihr noch nicht an dem Punkt ohne Umkehr angelangt seid, versuche den Streit dadurch in den Griff zu bekommen, daß du sofort aktives Zuhören und die Ich-Botschaften einsetzt. Das sollte die Gemüter etwas beruhigen.
2. Wenn ihr schon an dem Punkt ohne Umkehr angelangt seid und deine Eltern oben an der Decke kleben, versuche dich aus der Situation zurückzuziehen. Das kann manchmal schwierig sein:

„Wie kannst du es wagen, einfach zu gehen, wenn wir mit dir sprechen?"

„Du bleibst gefälligst hier, bis ich dir sage, daß du gehen kannst."

Den besten Fluchtweg kannst du durch einen möglichst ruhigen Vorschlag erreichen:

„Laßt uns erst weiterreden, wenn wir uns alle etwas beruhigt haben, okay?"

„Ich würde gern ein bißchen über all das nachdenken. Können wir später weiterreden?"

Das Wichtige dabei ist, daß dein Vorschlag positiv rüberkommt und du deine Eltern nicht einfach stehenläßt. Du schlägst lediglich eine Pause vor.

„Ihr habt absolut recht!"

Diese Technik ist unschlagbar. Das nächste Mal, wenn du von deinen Eltern (zu Recht) Vorhaltungen bekommst, was du falsch gemacht hast, hör ruhig zu, und wenn sie fertig sind, sag ihnen einfach:

„Ihr habt absolut recht."

Wenn sie nicht sofort in Ohnmacht fallen, werden sie vielleicht ungläubig fragen:

„Was hast du gesagt?"

Das gibt dir die Gelegenheit zur Wiederholung:

„Ich sagte, ihr habt absolut recht."

Dein größtes Problem am Anfang wird sein, daß du deine Eltern davon überzeugen mußt, daß du es ernst meinst.

„Was meinst du damit, wir hätten absolut recht?"

„Genau das, was ich sage. Ihr habt absolut recht."

„Recht womit?"

„Recht damit, daß ..." (Hier folgt dann, was immer sie dir vorzuwerfen haben.)

Diese Worte werden für deine Eltern anfänglich fremd klingen. Aber bleib dabei. Nichts beendet einen Streit schneller als dieser kleine Satz. Was können deine Eltern denn noch sagen, nachdem du ihnen zugestimmt hast? Der Grund, warum sie sonst so lange auf dich einreden, ist, daß sie dich überzeugen wollen, daß sie recht haben. Wenn du überzeugt bist, gibt es keinen Grund, noch weiter zu schimpfen.

Es gibt lediglich eine Bedingung für die Anwendung dieser Technik: Deine Eltern müssen tatsächlich absolut recht haben, sonst hast du absolut das Recht, nicht zu sagen, daß sie recht haben.

Komm ihnen zuvor

Niemand hat es gern, wenn dauernd auf ihm herumgehackt wird, aber wahrscheinlich mußt auch du zugeben, daß du zumindest ein- oder zweimal was Saublödes angestellt hat.

Viel Spannung in den Familien entsteht nur deshalb, weil die Eltern ständig damit rechnen, daß ihre Kinder etwas Falsches tun. Ihnen zuvorzukommen ist eine Technik, die dich mit doppeltem Erfolg belohnen wird:

1. Du reduzierst die Anzahl der Vorträge, die du bekommst, und
2. Deine Eltern werden dich als offen, selbstkritisch und reif einschätzen. (Nicht schlecht, oder?)

Dahinter steckt folgende Idee: Wenn du etwas falsch gemacht hast und du schon weißt, daß du verdienterweise Vorhaltungen bekommen wirst, dann nimm deinen Eltern den Wind aus den Segeln. Es ist relativ einfach zu sagen: „Junge, war das vielleicht dumm, was ich da gemacht habe.“ Bedeutend nerviger ist es, wenn deine Eltern dich anmachen: „Wie konntest du nur so dumm sein?“

Sehen wir mal, wie es üblicherweise abläuft, und dann den Unterschied, wenn die besagte Strategie angewandt wird:

Dein Vater hat dir schon tausendmal gesagt, daß du auf dem Rasen keine Fahrradkunststücke aufführen sollst. Aber an diesem schicksalhaften Nachmittag kommt ein Freund bei dir vorbei, der nur kurz bleiben kann. Du willst diesen Freund beeindrucken und vollführst daher einige deiner besten Kunststücke und ... fällst genau vor die Füße deines grinsenden Freundes. Als ob das nicht schon schlimm genug wäre, sieht der Augapfel deines Vaters – der frisch gemähte und perfekt getrimmte Rasen – aus, als ob dort gerade die Fußballweltmeisterschaft stattgefunden hätte.

Du könntest dich sonstwohin beißen. Du weißt genau, daß dein Vater einen größeren Anfall kriegt und dich fix und fertig macht, wenn er nach Hause kommt. Und du wirst wieder mal nicht ruhig zuhören

können, weil dein schlechtes Gewissen dich in die Verteidigung drängt. Du wirst dich wehren und noch mehr Ärger bekommen …

„Toby!! Komm sofort her!"

„Oh, hallo, Papa. Hab dich gar nicht kommen hören. Was ist los?"

„Du weißt ganz genau, was los ist! Sieh dir nur den Rasen an! Wie ist das passiert?"

„Na ja … ich … hab meinen Trick auf dem Rad ausprobiert, und …"

„Wie oft hab ich dir schon gesagt, daß du auf unserem Rasen nicht radfahren sollst? WIE OFT???"

„Schon öfter."

„Und du hörst einfach nicht darauf? Gleich um die Ecke ist ein freies Feld, wo du fahren kannst. Bist du so überarbeitet, daß du nicht mal mehr diese paar Meter fahren kannst?"

„Nein, ich wollte ja auch nicht, ich meine, ich wollte nur den einen Trick zeigen, und dann habe ich nicht nachgedacht …"

„Genau. Du hast nicht gedacht. Denkst du jemals? Manchmal frage ich mich, ob du noch an irgend jemand sonst denkst, außer an dich. Ich nehme dir dein Fahrrad weg, und du …"

„Das ist nicht fair! Es ist doch bloß ein blöder Rasen. Dieser doofe Rasen ist dir wichtiger als ich. Warum mußt du überhaupt einen so perfekten Rasen haben? Den will doch sowieso niemand außer dir."

„Das reicht. Du gehst sofort und bringst mir dein Fahrrad. Wenn ich sehe, daß du zur Abwechslung auch einmal auf andere Rücksicht nimmst, bekommst du es zurück."

„Papa, ich bring den Rasen wieder in Ordnung, aber nimm mir mein Fahrrad nicht weg."

„Du tust, was ich dir gesagt habe. Hol es, JETZT!!"

„Papa …"

„JETZT!!!"

O Mist!

Dein Vater ist natürlich zu Recht wütend, aber du läßt dich gleich in die Verteidigungsstelle abschieben, und ehe du dich's versiehst, ist schon alles außer Kontrolle geraten.

Was geschieht, wenn du die „Komm-ihnen-zuvor-Technik“ benutzt? Zuerst mußt du mit deinem Vater sprechen, *bevor* er den Rasen sieht. Vielleicht kannst du ihn vorher irgendwie abpassen. Du mußt ihm das sagen, was er dir wahrscheinlich sagen würde. Auf diese Weise nimmst du seine Reaktion vorweg, und ihm bleibt nicht mehr viel übrig, was er sagen könnte.

> ***„Papa, ich habe heute etwas ziemlich Blödes gemacht. Ich weiß auch nicht, was in mich gefahren ist. Ich wollte wohl ein bißchen vor einem Freund angeben. Er konnte nicht lange bleiben, und deshalb bin ich nicht auf das Feld gefahren und hab meinen Trick zu Hause gezeigt, und ich fürchte, ich habe den Rasen ein wenig ... na ja, er sieht etwas mitgenommen aus. Ich weiß, wie sauer du jetzt bist“ (gib ihm keine Gelegenheit, auch nur ein Wort zu sagen), „und ich weiß, daß du mir schon tausendmal gesagt hast, ich soll auf dem Rasen nicht radfahren. Es tut mir wirklich leid, aber ich bringe es wieder in Ordnung. Ich tu es gleich morgen. Aber du bist jetzt wahrscheinlich trotzdem ziemlich sauer.“***
>
> ***„Toby, du weißt, daß du nicht auf dem Rasen fahren sollst. Aber zumindest weißt du, daß du einen Fehler gemacht hast, und ich bin froh, daß du es mir gleich gesagt hast. Wenn du es wieder in Ordnung bringst, kann ich wohl nicht mehr viel dazu sagen.“***
>
> ***„Ich erledige es gleich morgen nach der Schule.“***
>
> ***„In Ordnung. Und Toby?“***
>
> ***„Ja?“***
>
> ***„Fahr nicht mehr auf dem Rasen. Du weißt, wie ich es hasse.“***
>
> ***„Ich weiß. Tut mir leid.“***

Na, war das nicht besser? Ist doch toll, wie gut du aus einer Zwickmühle herauskommst, wenn du deinen Eltern zeigst, daß du ihre Gefühle verstehst. Das ist die Idee, die hinter dieser wertvollen Strategie steckt. Du umgehst eine Belehrung und beeindruckst deine Eltern mit der Ehrlichkeit ihres Kindes. Nicht schlecht für die Investition von ein paar Minuten.

Einigkeit über die Uneinigkeit

„Meine Eltern und ich, wir sind uns nie einig."

Warum solltet ihr auch? Ihr seid schließlich unterschiedlich erzogen worden und aufgewachsen. Es wäre direkt überraschend, wenn ihr, was Kleidung, Freunde, Musik und andere Dinge betrifft, nicht anderer Meinung wärt.

Obwohl es völlig normal ist, daß ihr verschiedene Geschmäcker und verschiedene Meinungen habt, tauchen deshalb doch häufig Probleme auf. Viele Eltern schätzen nämlich den Erfolg ihrer Elternschaft nach dem Grad ein, bis zu welchem ihre Kinder die elterlichen Interessen und Werte teilen. Sie sehen ihre Autorität gefährdet, wenn du ihre Meinung ablehnst.

Du mußt daher versuchen, deine Eltern zu einer neuen Haltung bezüglich eurer Uneinigkeit zu bringen. Du mußt ein Klima schaffen, in dem Unterschiede als etwas Natürliches gesehen werden und jeder die Haltung des anderen respektiert.

Und wie soll das gehen?

Das nächste Mal, wenn eine Auseinandersetzung wieder auszuarten droht, versuche nicht deine Eltern (oder dich selbst) davon zu überzeugen, daß eine Meinung besser als die andere ist. Du magst das zwar so denken, aber darum geht es nicht. Du respektierst die Wahl deiner Eltern vielleicht nicht, aber du solltest ihr Recht auf eigene Meinung respektieren. Das ist die Einstellung, die du brauchst, um diesen negativen Kreislauf von Geringschätzung und Ablehnung zu durchbrechen.

Sehen wir uns einmal an, wie die meisten Familien mit Meinungsverschiedenheiten umgehen:

„Wie kannst du dir nur solchen Schrott anhören?"

„Das ist kein Schrott. Das ist im Augenblick im ganzen Land die Nummer eins auf der Hitliste."

„Das zeigt nur, daß es mit diesem Land bergab geht."

„Zumindest ist es um einiges besser, als das Zeug, was du und Mama immer hört."

„Sprich nicht so mit mir, junges Fräulein."

„Dann sag du nicht, daß meine Musik Schrott ist."

„Sag mir nicht, was ich sagen darf. Das ist mein Haus, und wenn ich diesen furchtbaren Krach nicht unter meinem Dach haben will, dann hörst du damit auch auf."

„Du kannst mir nicht sagen, welche Musik ich hören darf. Das ist mein Zimmer, und man hört im Flur schon überhaupt nichts mehr."

„Deine Einstellung paßt mir ganz und gar nicht ..."

Und so weiter, und so weiter.

Jetzt beachte den Unterschied, wenn ein kluges Kind sich weigert, den Fehdehandschuh aufzunehmen und statt dessen die „Einig-über-die-Uneinigkeit-Strategie" einsetzt.

„Wie kannst du dir nur solchen Schrott anhören?"

„Das heißt wohl, daß dir diese Musik nicht gefällt, was, Papa?" (Bravo! Sie hat aktives Zuhören eingesetzt und seine Gefühle widergespiegelt.)

„Daß es mir nicht gefällt? Ich würde es nicht einmal Musik nennen." (Papa gibt nicht auf.)

„Du mußt zugeben, daß die Musik, die du und Mama immer hört, auch nicht gerade meine Lieblingsmusik ist. Aber das ist schon in Ordnung. Wir haben eben einen unterschiedlichen Geschmack. Du hörst die Musik, die dir gefällt, und ich die, die mir gefällt. Okay?" (Na, Papa, wie kannst du jetzt einem so vernünftigen Argument noch etwas entgegensetzen?)

„Wahrscheinlich. Aber dreh etwas leiser."

Spitze! Das war viel einfacher. Doch was genau ist passiert?

1. Die Tochter hat bei der ersten Bemerkung des Vaters nicht sofort zurückgeschlagen.
2. Sie hat gezeigt, daß sie die Ansicht des Vaters versteht. (Sie war nicht der gleichen Meinung, aber sie wollte ihn auch nicht von ihrer Meinung überzeugen. *Er* war es, der das wollte.)
3. Die Tochter ist ruhig geblieben und hat den Vater darauf aufmerksam gemacht, daß es in Ordnung ist, wenn zwei Menschen einen unterschiedlichen Geschmack haben, wobei der eine nicht besser sein muß als der andere.
4. Ein Streit wurde verhindert, weil der Vater das Gefühl hatte, gehört worden zu sein. Ein dreifaches Hoch auf die Tochter!

Die „Einig-über-die-Uneinigkeit-Methode" funktioniert natürlich am besten, wenn es um Konflikte bezüglich Geschmack, Stil, Meinungen oder Ideen geht. Wenn du zu einer Party gehen willst und deine Eltern sagen „nein", wird diese Technik das Problem sicher nicht aus der Welt schaffen. Oder wenn sie dir verbieten, fernzusehen, bis deine Noten wieder besser geworden sind, kannst du nicht einfach sagen: „Okay, wir haben da eben eine unterschiedliche Meinung. Ihr denkt, ich sollte nicht fernsehen, und ich denke schon. Also werde ich fernsehen, und jeder bleibt bei seiner Meinung." Probleme wie diese bedürfen einer anderen Lösung, denn beide Positionen können nicht nebeneinander bestehen.

Probezeit

„Das Leben mit meinen Eltern ist eine ständige Geduldsprobe!"

Das kenne ich. Und genau deshalb findest du hier eine weitere Strategie, wie du deine Eltern so erziehst, daß sie deine Geduld weniger strapazieren. Wenn deine alten Herrschaften immer noch überängstlich sind und dich einfach nicht aus den Klauen lassen wollen, dann mußt du etwas Neues ausprobieren. – Schlag eine Probezeit vor.

Eltern haben oft deshalb Einwände, weil sie davor Angst haben, was passieren *könnte*.

„Dann bist du zu müde für die Schule." (Nein, bin ich nicht.)

„Du bist noch nicht kräftig genug." (Bin ich doch.)

„Das wird dich bald langweilen." (Wird es nicht.)

„Das dauert zu lange." (Wer sagt das?)

Wenn du mit solchen Einwänden abgewiesen wirst, schlag einfach eine Probezeit vor, so daß alle herausfinden können, was tatsächlich passiert. Diese Strategie kann bei vielen der üblichen Familienstreitpunkten angewandt werden, wie zum Beispiel bei Schlafenszeiten, wie lange du wegbleiben darfst, wieviel Besuch du haben darfst, beim Fernsehen oder den Hausaufgaben.

Nehmen wir mal an, du willst dir nachmittags etwas dazuverdienen. Deine Eltern wollen es dir aber nicht erlauben, denn sie haben Angst, daß du dann zu wenig Zeit für die Hausaufgaben hast. Sie behaupten, daß deine Noten nachlassen werden und du am nächsten Tag müde bist.

Anstatt darüber zu streiten, wer recht hat, schlag eine Probezeit vor. Sie sollen es dir für einige Wochen erlauben, und wenn deine Noten dann schlechter werden oder du in der Schule einschläfst (was dir auch ohne Job problemlos gelingt), dann gibst du das Arbeiten wieder auf. Wenn alles gutgeht, darfst du den Job behalten.

Damit die Probezeit funktioniert, müßt ihr euch auf zwei Bedingungen einigen:

1. Deine Eltern sollten dich unterstützen oder zumindest in der Sache neutral bleiben. Keine Sabotage, keine Extrapflichten oder neue Bedingungen, keine Änderung der Regeln während der Probezeit.
2. Du mußt ohne zu meckern den Versuch abbrechen, wenn die Probezeit nicht erfolgreich war.

Die Strategie der Probezeit ist zu deinem Nutzen. Die meisten Eltern gewähren neue Freiheiten deshalb nicht gern, weil sie sich vor den Konsequenzen fürchten. Eine Probezeit ist ein klar abgesprochener Versuch.

ACHTUNG: Gehe nicht mit folgenden Gedanken an die Probezeit heran: „Ach, was soll's, wenn ich erst einmal damit angefangen habe, werden sie mir auch erlauben weiterzumachen, egal, was passiert.“ Das Wichtige bei der Probezeit ist, daß du beweisen kannst, daß du recht hast. Versuch es erst gar nicht, wenn du selbst nicht an den Erfolg glaubst. Denn sonst wird's beim nächsten Mal garantiert schwieriger, eine neue Probezeit auszuhandeln! So eine Testzeit ist eine großartige Gelegenheit für dich, Verantwortungsbewußsein und klares Urteilsvermögen zu beweisen.

Die erlaubte Lüge

Hier müssen wir ganz vorsichtig sein. Ich will hier nämlich erklären, daß es Zeiten gibt, in denen es erlaubt ist zu lügen. Und ich möchte absolut sicher sein, daß du das Ganze nicht als einen Persilschein in puncto Lügen auffaßt. Wenn du mit dieser Bedingung einverstanden bist, dann lies weiter. Andernfalls laß diesen Teil aus, denn die Strategie, die ich beschreibe, wird bei dir nicht funktionieren.

Manchmal richtet es nur noch mehr Schaden an, wenn man die Wahrheit, die reine Wahrheit und nichts als die Wahrheit sagt. Während Ehrlichkeit in neunundneunzig von hundert Fällen die beste Politik ist, sollte dein Bestreben auch sein, andere nicht zu verletzen. Gelegentlich kann es zwischen diesen beiden Vorgehensweisen zum Konflikt kommen.

Normalerweise lügen junge Leute aus zwei Gründen:

1. Um sich aus Schwierigkeiten herauszureden.
2. Um Dinge tun zu können, die ihre Eltern sie nicht tun lassen würden.

Hier haben wir die unerlaubte Lüge:

> ***„Clarence, hast du fünf Mark aus meinem Geldbeutel genommen?"***
>
> ***„Nein, hab ich nicht, Mama." LÜGE!***
>
> ***„Felicia, wohin gehst du?"***
>
> ***„Ich bleib heute bei Sally." LÜGE!***

Diese Art von Lügen erschüttern das Vertrauen deiner Eltern in dich ebenso wie deine Selbstachtung. Wenn du erwischt wirst, hast du nicht nur die Probleme, die du eigentlich umgehen wolltest, sondern auch noch zusätzliche Probleme wegen deiner Lüge.

Für eine erlaubte Lüge, die achtbar sein soll, gibt es zwei Bedingungen:

1. Die Lüge soll verhindern, daß die Gefühle anderer verletzt werden.
2. Die Wahrheit zu sagen, würde keinem konstruktiven Zweck dienen.

Natürlich sind nicht alle Lügen, für die diese Bedingungen zutreffen, erlaubt. Die Grundidee hierbei ist folgende: Es gibt viele Dinge, was Stil, Geschmack und Gewohnheiten deiner Eltern betrifft, die du nicht magst. Aber das bedeutet nicht, daß du dich völlig verausgaben mußt, um auch sicherzugehen, daß deine Eltern genau wissen, was du darüber denkst. Selbst dann nicht, wenn sie dich fragen.

Nehmen wir mal den neuen Haarschnitt deiner Mutter, von dem sie so begeistert ist. Kommt es wirklich darauf an, daß sie weiß, wie furchtbar du ihn findest? Was würde es nützen, wenn du es ihr sagtest? Wenn du gefragt wirst, kannst du entweder geradeheraus lügen oder die Wahrheit taktvoll umschreiben wie in den folgenden Beispielen:

„Wie gefällt dir mein neuer Haarschnitt?"

„Sieht gut aus, Mama." LÜGE!

Aber eine akzeptable Lüge, denn sie stärkt Mamas Selbstbewußtsein, und es besteht absolut keine Notwendigkeit zu sagen: „Ich finde ihn abscheulich." (Überlaß das deinem Vater.)
Oder:

„Mensch, das ist wirklich mal was anderes!"

Oder, wenn du doch lieber die Wahrheit sagen willst, drück dich so aus:

„Ist nicht unbedingt mein Geschmack, aber es kommt ja darauf an, daß es dir gefällt."

Nun kann ich mir vorstellen, daß manche von euch sagen: „Es wurde aber auch Zeit, daß jemand erkennt, wie nützlich das Lügen sein kann! Schließlich lüge ich die ganze Zeit. Ich will meine Eltern eben nicht verletzen, indem ich ihnen alles erzähle, was ich mache. Dafür bin ich viel zu rücksichtsvoll."

Das ist genau die Einstellung, die ich befürchtet habe. Natürlich verletzt es deine Eltern, wenn sie erfahren, daß du gestohlen oder die Schule geschwänzt hast. Aber es wird sie viel mehr verletzen, wenn sie herausfinden, daß du dazu auch noch gelogen hast und daß eure ganze Beziehung auf Unehrlichkeit beruht. Wenn du ständig lügst, um keine Schwierigkeiten zu bekommen, steckst du bereits schon ziemlich tief drin.

Es gibt noch eine Situation, in der Lügen erlaubt sind. Dieser Anlaß kann noch leichter von euch mißverstanden werden. Aber ich nehme das Risiko auf mich, in der Hoffnung, daß die meisten von euch ehrlich mit sich und ihren Motiven für die Lüge sein werden.

Es ist in Ordnung zu lügen, wenn deine Eltern eine Einstellung dir gegenüber haben, die man folgendermaßen bezeichnen kann: als

- grausam,
- ganz offensichtlich unrealistisch,
- ganz offensichtlich unvernünftig,
- schädlich für deine Zukunft,
- schädlich für dein Gefühlsleben,
- ganz eindeutig neurotisch,
- deutlich abweichend von der Norm

UND

- du ohne Erfolg dein Bestes versucht hast, ihre Haltung zu ändern,
- es keine Möglichkeit für dich gibt, deine Situation zu ändern, ohne dir großen Schaden zuzufügen

UND

- deine Ehrlichkeit bezüglich deines Ungehorsams eine übermäßige, unfaire oder sogar brutale Bestrafung zur Folge hätte.

Wenn *alle* diese Bedingungen voll und ganz erfüllt sind, dann kann deine Lüge akzeptabel sein.

„Kein Problem. Diese Bedingungen erfüllen alle Einstellungen meiner Eltern. Zum Beispiel wollten sie mir zu meinem neunten Geburtstag kein Motorrad schenken, oder mich mit meiner Freundin übers Wochenende ans Meer fahren lassen oder ..."

NEIN, NEIN, NEIN!

Ich muß bei dieser Beurteilung wirklich an deine Aufrichtigkeit und deinen Sinn für Fairneß appellieren. Ich weiß, es gibt Zeiten, da wirkt es auf dich grausam und gemein, wenn deine Eltern dich nicht zu einer Party gehen lassen wollen. Aber das scheint nur so. (Und du weißt es auch.) Ich spreche hier eher von den Situationen, in denen ein Kind Eltern hat, die wirklich völlig realitätsfremd sind.

Das folgende Beispiel soll dir klarmachen, welche Art von Situation ich meine. Sagen wir, du bist ein sechzehnjähriges Mädchen, und dein Vater will dich nicht allein mit Jungen ausgehen lassen, nicht einmal mit Jungen telefonieren oder dich Briefe an Jungen schreiben lassen. Er verbietet dir, mit ihnen überhaupt Kontakt zu haben, außer an der Schule (die sowieso eine Mädchenschule ist), oder wenn er dabei ist. Er beobachtet dich dabei mit Argusaugen. Er verschließt sich jeglicher Diskussion darüber, und er hat deutlich gemacht, daß er dich verprügeln wird, wenn er dich je mit einem Jungen erwischt.

Dieses Verhalten ist nicht normal. Deine gesunde Entwicklung leidet dadurch. In einem Fall wie diesem hast du meiner Meinung nach das Recht zu lügen. Wenn du nach der Schule mit einigen Freundinnen und ein paar Jungs noch spazierengehst, und dein Vater fragt dich, was du nach der Schule gemacht hast, könntest du antworten:

„Ich war noch mit meinen Freundinnen unterwegs."

„Waren Jungen mit dabei?"

„Aber natürlich nicht." LÜGE! Aber unter diesen Umständen eine erlaubte.

Selbstverständlich gehst du das Risiko ein, erwischt zu werden. Aber wenn du mit jemandem zusammenlebst, der solch eigenartige Ansichten hat, hast du das Recht zu lügen, um dich und deine Zukunft zu schützen und deine Rechte zu bewahren.

Aber bitte sei vorsichtig mit der erlaubten Lüge. Ich habe sie hier nur erwähnt, weil ich dir vertraue.

Der/die Klügere gibt nach

Ich weiß, daß das Aufgeben ein schlechtes Image hat. Aber wenn du wirklich klug bist, lernst du die feine Art des Aufgebens. Auch das beweist Stärke und Schläue.

Es gibt zwei Anlässe, wo Aufgeben angebracht ist:

1. Wenn du unrecht hast.
2. Wenn du recht hast.

Auch wenn die Zeiten, in denen du unrecht hast, nur mit der Häufigkeit eines neuen Kometen am Himmel verglichen werden können – wenn es passiert, gib auf. Es schadet deinem Image, wenn du dann noch bohrst, dickköpfig, eigensinnig, blödsinnig, unsinnig und unvernünftig an etwas festhältst, das keine Chance hat. Damit kannst du deine Eltern nicht davon überzeugen, wie weise, verständig und verantwortungsbewußt du bist – eine Überzeugung, die sie haben müssen, damit du sie richtig erziehen kannst. Also, wenn du im Unrecht bist, halte nicht aus falschem Stolz an deiner Position fest. Vergiß es einfach. Sag nichts mehr. Geh!

Und dann komm zurück. Entschuldige dich, gib deinen Fehler zu. Dann stehst du gut da! Wenn es etwas gibt, was Eltern mehr lieben als ein perfektes Kind, dann ist es ein Kind mit Fehlern, das seine Fehler auch zugibt.

Der zweite Anlaß, an dem Aufgeben angebracht ist, ist, wenn du recht hast. Nehmen wir einmal an, daß deine Eltern mehr als ihre übliche Dummheit und Unvernunft zeigen. Nehmen wir an, daß es eine Situation ist, in der jeder andere sagen würde, daß deine Haltung vernünftig und die deiner Eltern unvernünftig ist. Nehmen wir weiter an, daß diese Situation aber eigentlich nicht besonders wichtig ist.

Gib auf – selbst wenn du im Recht bist. Heb dir deine Energien für wirklich wichtige Gelegenheiten auf, in denen du niemals aufgeben willst.

Ein Beispiel dafür wäre: Dein Vater will nicht, daß du barfuß im Haus herumläufst. Deiner Mutter ist es völlig egal (eigentlich ist sie froh, daß du nicht mit schmutzigen Schuhen durchs Haus stapfst), aber aus irgendeinem Grund kriegt dein alter Herr jedesmal einen Anfall, wenn er dich barfüßig sieht.

Du hast ihm alles genau erklärt: Wie angenehm und gesund es für die Füße ist, das Geld, das er spart, weil du dein Schuhwerk schonst, die Wäsche die wegfällt, weil du weniger Strümpfe verbrauchst, dein Recht auf Freiheit der Zehen, deine Erdverbundenheit. Alles ohne Erfolg. Er meckert einfach weiter: „... keines meiner Kinder ...“ und „... wie ein Penner ...“ und „... will nichts mehr darüber hören.“

Natürlich verhält er sich lächerlich, aber das heißt noch lange nicht, daß du dich auf diesen Quatsch einlassen mußt. Warum solltest du aus einem so belanglosen Grund einen heftigen Streit vom Zaun brechen? Warte auf eine wichtigere Gelegenheit. Zieh etwas über die Füße, wenn der große Unvernünftige in der Nähe ist, und zieh es aus, wenn er fort ist. Dann gratuliere dir dazu, wie klug du doch bist, um ...

Papa seine Neurose erlauben

Es ist viel einfacher nachzugeben, wenn du das dann nicht als deine *Unterwerfung* und den *Sieg* deiner Eltern ansiehst. Statt dessen machst du dir einfach klar, daß deine Eltern, vielleicht etwas mehr als andere Menschen, Neurosen haben – Aussetzer, in denen sie nicht klar und vernünftig denken können.

Und genau deshalb solltest du der Klügere sein. Zeig deine Überlegenheit bei unwichtigen Angelegenheiten. Vernunft und vernünftige Diskussion sind nicht möglich, wenn eine Neurose vorliegt. Was immer auch der Grund für den Rappel deines Vaters sein mag, was deine hübschen Füßchen betrifft – er weiß es vermutlich selbst nicht und versucht seine Neurose mit elterlichen Rechten zu überdecken.

Gib nach. Die Sache ist es echt nicht wert.

Ein Hinweis zur Anwendung: Es ist vollkommen in Ordnung, wenn du sagst:

> ***„Papa, ich bin völlig anderer Meinung als du, was das Barfußlaufen im Haus betrifft. Aber wenn es dir so wichtig ist, dann laß ich es eben.“***

Du sammelst hier Punkte, die dir wieder zugute kommen, wenn etwas Wichtigeres anliegt.

Wenn du keine Lust hast aufzugeben, solange du im Recht bist, liegt es nur an einem – an deinem Stolz. Aber mach dir darüber keine Gedanken. In diese Richtung brauchst du deinen Stolz nicht zu entwickeln. Dein Vater hat bestimmt genügend Stolz für euch beide.

5. Kapitel

Unheimliche Begegnungen der schlimmsten Art

Das Lösen von Problemen in der Familie

Eins nach dem anderen

Du schaust dich um und siehst nichts als Probleme. Konflikte hinter dir, Konflikte zur Rechten, zur Linken und Konflikte unmittelbar vor dir. Es ist hoffnungslos, alles versinkt im Chaos, du weißt nicht einmal, wo du anfangen sollst. Wie die meisten Menschen bist du vom Ausmaß der Aufgabe so frustriert, daß du nicht einmal damit anfängst. Es ist einfach zuviel.

Es *ist* tatsächlich zuviel. Du kannst nicht hundert Probleme auf einmal lösen. Aber du kannst eines lösen. Und wenn das gelöst ist, kannst du das nächste lösen. Und nach und nach wirst du eine ganze Menge davon von deiner Liste gestrichen haben.

Also such dir ein Problem aus. Vielleicht nicht gerade das schwierigste. Nur ein gutes, altes, anständiges Problem.

Dann mach dich an die Informationssammlung. Du mußt die Ursache des Problems ergründen und danach entscheiden, wie du damit umgehen willst. Ein Gespräch? Eine Entschuldigung? Eine Probezeit? Willst du mit einem Freund darüber reden? Willst du dein Verhalten ändern und sehen, was dann passiert? Entscheide dich, wie du es angehen willst, und dann tu es!

Wenn du nur ein Problem pro Monat löst, hast du nach einem Jahr schon ganze zwölf weniger. Oder eines pro Woche? Heiliges Dilemma! Dann wären's 52 im Jahr.

Kompromisse müssen nicht immer faul sein

Das Motto „Ich gewinne, du verlierst“ ist in unserer Gesellschaft so vorherrschend, daß viele Möglichkeiten, wie man einen Streit auch noch beilegen kann, einfach übersehen werden. Es scheint, als ob jeder es vorzöge, lieber *alles* von *gar nichts* zu haben, als *etwas* von *allem*. Warum nicht mal einen Kompromiß schließen – wenn's nicht allzu weh tut?

Setz deine Informationssammlung gezielt ein. Finde heraus, was deine Eltern gern von dir hätten, und wenn es dir nicht so wichtig ist, gib nach. Sie werden von deiner Kompromißfreudigkeit angenehm überrascht sein und ihrerseits eher zu einem Kompromiß bereit sein, wenn es um etwas geht, was *dir* wirklich wichtig ist.

Du kannst natürlich stolz sein (oder trotzig?) und dann mit leeren Händen dastehen, aber ein bißchen etwas ist oft besser als gar nichts. Wenn du zum Beispiel einverstanden bist, eine Stunde früher nach Hause zu kommen, lassen sie dich wenigstens erst einmal weggehen. Und beim nächsten Mal siehst du dann weiter. Auch mit kleinen Schritten kommst du früher oder später ans Ziel.

Mama, bitte!
Ich möchte es lieber selbst tun!

Du hast eine Lampe zerbrochen. Du hast vergessen, den Wasserhahn abzudrehen, als du dir ein Bad einlassen wolltest, und dadurch die ganze Wohnung überflutet. Du hast versehentlich alle Dateien im Computer deines Vaters gelöscht.

Und jetzt fühlst du dich beschissen. Umzingelt von schier unüberwindlichen Katastrophen. Du hast Schuldgefühle und suchst einen Ausweg. Du bist entschlossen, alles wieder in Ordnung zu bringen und schlägst eine Lösung vor. Was passiert? Deine Eltern lassen dich kaum ausreden und wissen gleich alles besser, sagen dir genau, was du zu tun hast.

Ihre Ideen sind entweder:

1. völlig indiskutabel, dann solltest du sie ignorieren.
2. die gleichen wie deine, dann *mußt* du sie ignorieren.

Indem deine Eltern ständig für dich nachdenken und deine Probleme lösen, bringen sie dich um vieles:

- das Selbstvertrauen, das sich nur dann einstellt, wenn du weißt, daß du deine Probleme selbst lösen kannst.
- die Gelegenheit, sagen zu können: „Ich hab es allein geschafft."
- daß du dich besser fühlst und weniger schuldig, weil du zeigen konntest, daß es dir viel ausgemacht hat und du deshalb aus eigenem Antrieb eine Lösung gefunden hast.

Die gleichen Eltern, die dir jetzt alles abnehmen wollen, fragen dich dann bei nächster Gelegenheit:

„Kannst du denn nicht ein einziges Mal etwas alleine machen?

„Warum kannst du denn nicht ein bißchen selbständiger sein?"

Deine Eltern so zu erziehen, daß sie dich Dinge selbst tun lassen, sollte ganz oben auf deiner Prioritätenliste stehen. Wenn dein Problem mit ihnen nichts zu tun hat und du die Hilfe deiner Eltern nicht möchtest, sag es ihnen. Benutze eine Ich-Botschaft, damit sie nicht gleich beleidigt sind. Das könnte etwa so funktionieren:

„Ich weiß, daß ihr mir gerne helft, und ich bin euch auch dankbar dafür, aber ich glaube, ich schaffe es allein. Trotzdem vielen Dank."

Wenn deine Eltern mit dem Problem ebenfalls zu tun haben, aber du es allein lösen möchtest, gib ihnen eine andere Ich-Botschaft. Wenn du an dem Problem die Schuld hast, könntest du sagen:

„Ich würde mich besser fühlen, wenn ich dieses Problem selbst lösen könnte, nachdem es ja mein Fehler war."

Wenn ihr das Problem gemeinsam habt, und sie schlagen eine Lösung vor, die du nicht möchtest, könntest du sagen:

„Ich fände es wirklich gut, wenn ich auch die Chance hätte, Lösungen für unser Problem vorzuschlagen."

Deine Eltern könnten darauf antworten:

„Wir wollten ja nur helfen."

Oder:

> ***„Na bitte, wenn du nicht von unserer Erfahrung profitieren willst …"***

Wenn das geschieht, setze das aktive Zuhören ein. Du mußt ihre Gefühle herausfinden und zurückgeben:

> ***„Wahrscheinlich glaubt ihr jetzt, es sei mir egal, was ihr denkt."***

Wenn sie darauf antworten, setze abwechselnd aktives Zuhören und lockere, ungefährliche Ich-Botschaften ein, bis du deine Eltern aus der Krise herausgelotst hast.

Schau nach vorn und nicht zurück

Was geschehen ist, ist nun mal geschehen. Inzwischen ist schon viel Wasser den Fluß hinuntergeflossen. Tote soll man nicht aufwecken.

Wenn so viele Sprichwörter und Redewendungen das gleiche ausdrücken, könnte vielleicht etwas Wahres daran sein.

Die Vergangenheit sollte zwei Funktionen haben:

1. dich ab und zu in schönsten Erinnerungen schwelgen lassen und
2. durch Erfahrung und Irrtum als Ratgeber für die Zukunft dienen.

Eltern scheinen sich jedoch für eine dritte Funktion der Vergangenheit zu begeistern:

3. Munition.

Es scheint, als ob sie alles, was du jemals getan hast, auf ihrer persönlichen Festplatte abgespeichert hätten, in nette kleine Dateien aufgeteilt, um es innerhalb des Bruchteils einer Sekunde abrufen und gegen dich verwenden zu können.

Obwohl man natürlich aus der Vergangenheit lernen kann, dürfte es doch unmöglich so viele Gelegenheiten geben, wie deine Eltern immer meinen. Gerade wenn du so weit bist, ein veraltetes Verhalten deiner frühen Kindheit vom letzten Jahr abzulegen, erinnern dich deine Eltern daran. Das motiviert nicht unbedingt.

Ermutige deine Eltern, in die Zukunft zu blicken und die Vergangenheit hinter euch zu lassen. Es ist schwer, Probleme zu lösen, wenn sie dich immer wieder darauf stoßen, was falsch gelaufen ist. Das führt nur zu Schuldzuweisungen. Ihr könnt alle besser an die Lösung eurer Probleme herangehen, wenn ihr den Blick nach vorn richtet.

„Was können wir von jetzt an tun?"

„Wie können wir verhindern, daß das noch einmal passiert?"

Die Vergangenheit sollte als nützliches Taschenwerkzeug für Einsichten dienen, nicht als Werkzeugkoffer zum Aufspüren von Fehlern.

Schuld und Sühne

Zugegeben, wenn Dostojewski sein Buch *Schuld und logische Konsequenzen* genannt hätte und nicht *Schuld und Sühne*, dann hätte es sich bestimmt nicht so gut verkauft. Familien jedoch wären gut beraten, wenn sie sich den Einsatz von logischen Konsequenzen statt der Sühne genauer überlegen würden.

Was ist der Unterschied?

Sühne

Sühne bedeutet Buße, bestrafen – weh tun. Eine Strafe hat meist gar nichts mit der Art der Schuld zu tun. Strafen demütigen und ängstigen. Sie drücken die Macht der Eltern und die Ohnmacht des Kindes aus. Strafen gründen sich auf Drohung und Vergeltung.

„Wir werden es dir schon zeigen."

„Du bist böse."

„Das ist genau das, was du verdienst."

Strafen bewirken, daß du dich schuldig und ungeliebt fühlst, verletzt bist und voller Angst. Strafen führen zu Rebellion, Unehrlichkeit und dem Wunsch, es dem anderen heimzuzahlen.

Und doch funktionieren Strafen nicht, denn früher oder später kommt der Tag, an dem du dich weigerst, die Strafe hinzunehmen. Du stürmst aus dem Haus, anstatt auf dein Zimmer zu gehen, du triffst dich nach der Schule mit Freunden, obwohl du Hausarrest hast. Wenn deine Eltern ihre Strafen ausdehnen, dehnst du deine Abwehrhaltung aus.

Strafen verlagern die Verantwortlichkeit für deine Handlungen auf andere. Statt Selbstdisziplin und dein eigenes Bewußtsein für Moral zu entwickeln, lernst du, dein Verhalten danach zu bestimmen, wie du am besten davonkommst. Wenn die Strafen deiner Eltern zu Feindseligkeit und Widerstand führen, zu immer größeren Drohungen und tieferem Mißtrauen, ist es höchste Zeit, daß du die Sache in die Hand nimmst und deine Eltern mit dem Begriff der „Logischen Konsequenzen" vertraut machst.

Logische Konsequenzen

Logische Konsequenzen gründen sich auf die Wirklichkeit. Sie sagen: „Heh, du hast etwas getan, was nicht besonders klug war. Jetzt gibt's Ärger." Werden logische Konsequenzen angewendet, behandelt man dich mit Respekt. Es wird unterschieden zwischen dir und deiner Handlung. Du, eine Person, die in Ordnung ist, hat etwas getan, was nicht in Ordnung ist. Logische Konsequenzen haben unmittelbar mit dem schlechten Verhalten zu tun. Der Schaden wird behoben, die Ehre wiederhergestellt, und du lernst, für dich selbst verantwortlich zu sein. So bleibt kein bitterer Nachgeschmack.

Sieh dir die folgenden „Verbrechen" an, und du wirst den Unterschied erkennen, der zwischen einer Bestrafung und der Anwendung logischer Konsequenzen besteht.

Tat	*Strafe*	*Logische Konsequenz*
In einem Wutanfall ein Fenster zertrümmern.	Nicht zu einer Party gehen dürfen.	Das Fenster reparieren lassen und selbst bezahlen.
Zu spät zum Essen kommen.	Nach der Schule immer sofort nach Hause kommen müssen.	Kaltes Essen. Nulldiät.
Deine Eltern anlügen.	Prügel.	Vertrauensverlust bei deinen Eltern. Verlust von Privilegien und Freiheiten.
Deine Pflichten im Haus nicht erledigen.	Hausarrest.	Für die Person bezahlen, die deine Eltern anstellen, um deine Pflichten zu erledigen.

Der Einsatz von logischen Konsequenzen heißt nicht, daß du ungeschoren davonkommst. Du wirst es in deinem Geldbeutel spüren, im Vertrauensverlust bei deinen Eltern und in eingeschränkten Freiheiten. Aber du wirst mit Respekt behandelt, du kriegst Wahlmöglichkeiten angeboten, keine Drohungen. Wenn du aber weiterhin nach Beginn der Sperrstunde nach Hause kommst, wirst du eben die Freiheit verlieren, abends weggehen zu dürfen. Wenn du dich dafür entscheidest, pünktlich zu Hause zu sein, wird sich das in mehr Freiheiten auszahlen. Du hast alle Karten in der Hand. Es ist deine Entscheidung, welche du ausspielst.

Manchmal ist es schwierig, eine logische Konsequenz für etwas zu finden. Sagen wir einmal, du warst deinen Eltern gegenüber unverschämt und hast sie beleidigt. Deine Eltern sind sauer. Wie könnte eine logische Konsequenz deines Verhaltens aussehen? Nun, du wirst feststellen, daß die anderen sich nicht gern in unfreundlicher Gesellschaft aufhalten. Deine Familie entscheidet sich vielleicht, ohne dich ins Kino zu gehen. Aber es wird dir deutlich gemacht, daß man deine

Gesellschaft gern wieder genießt, wenn du wieder der überall beliebte Sunnyboy oder das strahlende Sonnenscheinchen bist.

Logische Konsequenzen fordern deine Kreativität heraus. Sie geben dir Verantwortung und Entscheidungsfreiheit. Sie bereiten dich auf das Leben als Erwachsener vor. Wenn du später einmal ständig zu spät zur Arbeit kommst, wird dein Chef dich nicht nachsitzen lassen oder dir das Autofahren verbieten – dein Chef wird dich feuern. Wenn du deiner Frau gegenüber „schlechtes Benehmen“ an den Tag legst, wirst du nicht für einen Monat Fernsehverbot bekommen. Du bekommst die Scheidung.

Jeder in deiner Familie wird von der Anwendung logischer Konsequenzen profitieren. Deine Eltern sind erfreut, daß du nunmehr Verantwortung und die Konsequenzen für deine Handlungen übernimmst. Du selbst lernst mehr Selbstdisziplin und triffst Entscheidungen, die deine Freiheit vergrößern.

Versteckte Gründe

Wie oft geht es dir so, daß du bei einem Streit gar nicht mehr sicher bist, worum es überhaupt geht. Es ist, als ob der Konflikt stellvertretend für etwas Verborgenes, schwer Faßbares stehen würde. Erst wenn du den versteckten, tieferliegenden Grund entdeckt hast, kannst du den Konflikt wirklich aus der Welt schaffen.

Laß uns einen Blick auf die häufigsten versteckten Gründe hinter die Handlungen und Einstellungen deiner Eltern werfen:

- Das Bedürfnis, Macht auszuüben.
- Der Wunsch, gebraucht zu werden.
- Probleme mit dem Älterwerden.
- Der Wunsch, Freunde oder Nachbarn zu beeindrucken („Was werden wohl die Nachbarn denken?“).
- Geld.
- Angst.
- Mißtrauen.
- Kompensation oder Reaktion auf ein Geschehnis in ihrer Kindheit.
- Neid.
- Unsicherheit.

Nehmen wir als Beispiel, daß deine Eltern nicht wollen, daß du dich mit einem Jungen verabredest, obwohl das deine Freundinnen schon seit zwei Jahren dürfen. Egal was du sagst, sie sind der Meinung, daß du dafür zu jung bist. Gibt es hier versteckte Hintergründe? Wahrscheinlich. Welche? Das mußt du herausfinden! Kann es sein, daß deine Eltern dich so lange wie möglich zu Hause halten wollen. Wenn die Kinder ausgehen, heißt das, daß sie erwachsen werden (und die Eltern älter). Wenn sie dich als „Baby“ in der Familie halten, können sie selbst noch nicht so alt sein.

Vielleicht machen sich deine Eltern auch Sorgen, daß du schwanger wirst. Oder daß du AIDS bekommst. Wenn über diese Dinge nie gesprochen wurde, können das alles versteckte Gründe sein.

Erst wenn du die wahren Hintergründe herausgefunden hast, kannst du dich an die Lösung des Problems machen.

Wenn du jetzt denkst, daß dieses Kapitel abgeschlossen ist, täuschst du dich allerdings. Sehen wir doch mal, ob nicht auch bei deinen Handlungen versteckte Gründe im Spiel sind. Vielleicht willst du

- deine Eltern schockieren.
- herausfinden, wie weit du gehen kannst.
- geliebt werden.
- Aufmerksamkeit bekommen.
- deine Freunde oder Freundinnen beeindrucken.
- unabhängig sein.
- deine Angst, Unsicherheit oder Eifersucht überspielen.
- Rache üben.

Du fragst deinen Vater, ob du ein Bier kriegst, obwohl du das Zeug nicht ausstehen kannst. Dein versteckter Grund ist, daß du nur sehen willst, wie er reagiert.

Sehen wir uns zu diesem Thema eine kleine Szene an:

„Mama, kann ich am Freitag abend ins Kino?“

„Ich glaube nicht, Susan. Du warst die ganze Woche krank, und ich denke, du solltest dich noch schonen.“

„Aber es geht mir gut. Ich war heute ja auch schon in der Schule.“

„Ich halte es trotzdem nicht für gut. Du kannst nächsten Freitag gehen.“

„Aber ich will diesen Freitag gehen. Du hast kein Recht, mich am Freitag abend nicht wegzulassen.“

„Ich will nicht mit dir darüber streiten. Du hast gehört, was ich gesagt habe.“

Klingt wie üblich, nicht wahr? Was Susans Mutter nicht weiß, ist die Tatsache, daß Susan ihren Freunden bereits gesagt hat, daß sie mit ins Kino geht. Der Grund für diesen Streit ist also nicht der Kinobesuch selbst, Susans gerade überstandene Krankheit oder das Recht der Mutter, den Kinobesuch zu verbieten. All diese Dinge spielen zwar ebenfalls eine Rolle, doch der eigentliche Grund, der versteckte Grund liegt darin: Susan, die bereits ihren Freunden zugesagt hat, wäre es peinlich, ihnen gegenüber das Verbot ihrer Mutter zugeben zu müssen. Was nun also tatsächlich dahintersteckt, ist, daß sie Angst hat, das Gesicht zu verlieren. Deshalb will sie nicht nachgeben.

Nehmen wir einmal an, dieser versteckte Grund würde in die Diskussion mit einfließen. Würde das etwas ändern? Sehen wir es uns mal an:

„Mama, kann ich Freitag abend ins Kino gehen?"

„Ich glaube nicht, Susan. Du warst die ganze Woche krank, und ich denke, du solltest dich noch schonen."

„Aber es geht mir gut. Ich war ja heute schon in der Schule. Und außerdem habe ich meinen Freunden bereits zugesagt. Ich habe nicht gedacht, daß du nein sagen würdest. Schließlich geh ich so oft ins Kino."

„Ich weiß, aber ich halte es heute nicht für eine gute Idee. Du hättest nicht zusagen sollen, ohne mich vorher zu fragen."

„Ich weiß, aber ich war so sicher, daß du es erlaubst. Bitte, Mama, es wäre mir so peinlich, wenn ich jetzt absagen müßte. Wir haben schon alles ausgemacht. Bitte?"

„Du warst so krank ..."

„Bitte! Wie wäre es, wenn ich am Freitag gleich nach der Schule heimkäme und mich noch ein bißchen hinlege? Vielleicht kann uns auch Annes Vater hinfahren, und du holst uns ab? Dann muß ich nicht in der Kälte herumstehen. Bitte!"

„Meinetwegen. Aber du versprichst, daß du dich vorher ausruhst und dich warm anziehst?"

„Versprochen. Mach dir keine Sorgen. Vielen Dank."

Hier konnte der Konflikt schnell gelöst werden, weil die versteckten tatsächlichen Gründe offen angesprochen wurden. Die Bedürfnisse und Gefühle beider Beteiligten wurden erkannt und berücksichtigt. Die Mutter machte sich über Susans Gesundheit Sorgen, und Susan akzeptierte diese Gefühle und bot eine Lösung an. Diese Kompromißbereitschaft erlaubte es der Mutter, nachzugeben und Susans Bedürfnis, nämlich ihr Gesicht zu wahren, entgegenzukommen.

Es gibt unzählige Arten von versteckten Gründen. Wie kannst du sie entdecken und damit umgehen?

- Erzähle deiner Familie von der Idee der unterschwelligen, versteckten Gründe und bitte sie, diese Möglichkeit bei einem Streit im Kopf zu haben.
- Berufe einen Familienrat ein (wird im nächsten Abschnitt beschrieben), wo solche Dinge in Ruhe angesprochen werden können.

- Benutze deine Informationssammlung, um versteckte Gründe aufzuspüren. Aber zieh keine voreiligen Schlüsse.
- Sei ehrlich mit dir selbst. Vielleicht kennst du manche deiner versteckten Gründe selbst gar nicht so genau, weil sie dir peinlich sind. Aber wenn du sie nicht einmal dir selbst gegenüber zugibst, arbeiten sie im Geheimen garantiert weiter gegen dich und machen die Lösung von Problemen unmöglich.

Nur durch die Berücksichtigung von versteckten Gründen bei dir wie bei deinen Eltern kannst du die wahren Ursachen eines Streits berücksichtigen und damit das Problem lösen. Also, wenn ihr schon streitet (und das werdet ihr immer wieder), dann wenigstens über den wirklichen Grund.

Familienrat – auf zur Problemlösung!

Die Schwierigkeit bei den meisten Familienkonflikten ist, daß einer gewinnt und einer verliert, und in manchen Fällen verliert jeder. Eltern und Kinder ziehen sich rasch zurück oder drängen sich gegenseitig in die Ecke. Der Anlaß selbst wird unwichtig, es geht dann nur noch um den Wunsch nach Machterhalt und Autorität. Wir wissen bereits, wie zögerlich Eltern wie auch ihre Sprößlinge ihre Macht und Rechte aufgeben.

Egal, worum es geht, jeder verliert, wenn die Kampflinien erst einmal gezogen sind. Denn selbst wenn du am Ende gewonnen hast, macht dir dein Sieg oft wenig Spaß. Es sind einfach viel zu viele verletzende Worte gefallen.

Probleme sind normal und unvermeidbar. Es ist nicht das Problem selbst, das Schaden anrichtet. *Es ist vielmehr die Art, wie das Problem gelöst oder nicht gelöst wird.*

Du mußt also deine Eltern so erziehen, daß sie an Probleme als kreative Herausforderung herangehen, wie an ein Spiel, in dem die „gewinnende“ Lösung eine ist, bei der die Gefühle und Bedürfnisse von *allen* berücksichtigt werden. Das klingt unmöglich, weil du so an die andere Art gewöhnt bist, die Jemand-gewinnt-und-jemand-verliert-Art. Aber es ist nicht unmöglich! Laß uns gleich zur Sache kommen und sehen, wie der Familienrat eingesetzt werden kann, um ein normales Problem zu lösen. Dann sehen wir uns an, wie und warum es funktioniert.

Das Problem: natürlich das Telefon

Du verbringst jeden Abend Stunden am Telefon. Du besprichst mit deinen Freunden die neuesten Ereignisse, und manchmal macht ihr zusammen Hausaufgaben. Deine Eltern sehen es nicht gern, wenn das Telefon ständig besetzt ist, und deine jüngere Schwester möchte schließlich auch mal telefonieren. Sie beschwert sich bei deinen Eltern darüber. Deine Eltern stoßen ominöse Warnungen dir gegenüber aus, „keine abendlichen Telefongespräche mehr“ und „alle Gespräche werden auf zehn Minuten begrenzt.“ Das gefällt dir gar nicht.

Bevor daraus eine große Sache wird, beschließt du (sehr geschickt!) einen Familienrat einzuberufen. Es ist euer erster Familienrat, und du mußt den anderen erst mal erklären, wie er funktioniert. Sie sind alle recht neugierig (und etwas mißtrauisch), also gehst du die Sache ganz behutsam an. Und so geht's los …

DU (beginnst mutig): **Wißt ihr, wenn wir uns streiten, dann stellt sich doch immer ziemlich bald heraus, daß einer auf seiner Meinung besteht und der andere nicht nachgeben will. Also wird immer einer gewinnen und einer verlieren, und alle sind trotzdem aufeinander sauer, stimmt's?“**

FAMILIE (antwortet vorsichtig): **Mmm, jaa …**

DU: **Also, ich habe eine neue Methode gelernt, um unsere Probleme zu lösen, so daß am Schluß keiner verliert, sondern jeder gewinnt.**

PAPA: **Wenn das nur so ein neuer Trick ist, damit du bekommst, was …**

DU: **Nein, Papa, das ist bestimmt kein Trick. Es ist unmöglich für mich, das zu bekommen, was ich will, wenn**

ihr – du und Mama und meine nervtötende Schwester – nicht einverstanden seid. Also paßt mal auf. Am Anfang hört es sich vielleicht komisch an, aber ich wette, nach einer Weile werdet ihr diese Methode genauso benutzen wollen wie ich.

PAPA: Na gut. Wie funktioniert es?

DU: Also: Ich habe jetzt praktisch einen Familienrat einberufen. In diesem Familienrat wollen wir gemeinsam ein Problem lösen. Das versuchen wir mit sechs Schritten.
Als erstes müssen wir das Problem definieren, also klar bestimmen.
Zweitens überlegt sich jeder Lösungen und schlägt sie vor.
Drittens diskutieren und bewerten wir die Lösungen.
Viertens einigen wir uns darauf, die beste Lösung auszuprobieren.
Fünftens handeln wir entsprechend der Lösung.
Und sechstens überprüfen wir dann die Lösung und sehen, ob sie funktioniert.

FAMILIE: Warte mal … Aber ich weiß nicht … Wie soll das …

DU: Halt! Nicht alle auf einmal! Mama?

MAMA: Kostet uns das nicht unheimlich viel Zeit?

DU: Papa?

PAPA: Was passiert, wenn wir uns einigen sollen und uns nicht einigen können? Sind wir dann nicht wieder da angelangt, wo wir angefangen haben?

DU: Schwesterherz?

SCHWESTER: Ich verstehe das alles nicht. Kannst du es noch einmal erklären?

DU: Versuchen wir es einfach mal. Ich erkläre es, während wir es machen. Es ist, wie wenn man die Spielregeln eines neuen Spiels kennenlernt. Es ist viel einfacher, wenn man gleich anfängt zu spielen. Okay?

FAMILIE: Okay.

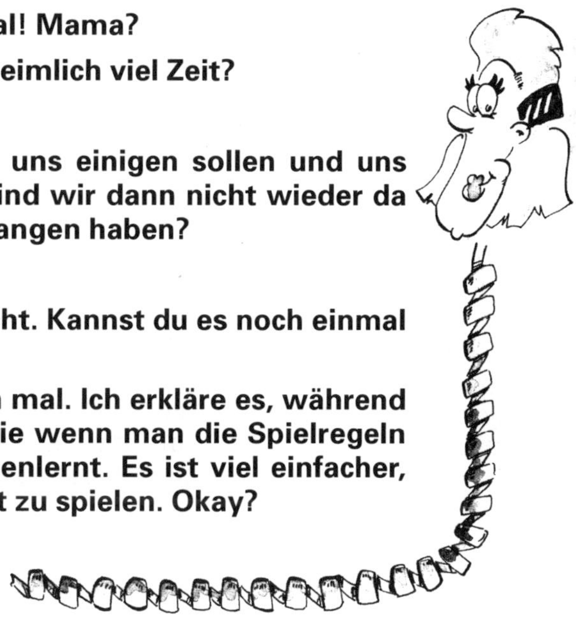

DU: **Wie ich am Anfang schon sagte, definieren wir jetzt das Problem. So wissen wir, daß wir alle über das gleiche reden. Wir definieren es, indem wir über unsere Gefühle und Wünsche reden. Aber man darf die anderen nicht irgendwie beschuldigen. Ich muß zum Beispiel sagen: „Ich möchte das Auto Freitag abend haben", anstatt „Ihr laßt mir Freitag abends nie das Auto." Versteht ihr den Unterschied? So fühlt sich niemand gleich auf den Schlips getreten. Das ist wirklich wichtig. Also, ich fange an:**
Ich ärgere mich darüber, daß es immer Probleme gibt, wenn ich abends das Telefon benutze. Ich möchte gern telefonieren können, ohne das Gefühl zu haben, daß alle sauer auf mich sind. Okay, jetzt ist Mama an der Reihe.

MAMA: **Ich befürchte, daß deine Leistungen in der Schule darunter leiden, daß du soviel telefonierst.**

DU: **Papa?**

PAPA: **Geschäftskollegen haben mir gesagt, daß sie den ganzen Abend versucht haben, mich zu erreichen, und es war ständig belegt. Ich möchte das Gefühl haben, daß ich auch erreichbar bin, wenn es nötig ist.**

DU: **Schwesterchen?**

SCHWESTER: **Du läßt mich nie ans Telefon. Du tust so, als ob dir …**

DU: **Warte mal. Du beschuldigst mich, das darfst du nicht. Sag einfach, was du für ein Gefühl hast und was du willst.**

SCHWESTER: **Also gut, ich versuche es. Ich möchte auch das Telefon benützen können.**

DU: **Also, nun sind wir durch. Jetzt müssen wir das Problem und alles, was jeder gesagt hat, zusammenfassen. Ich möchte telefonieren können, und zwar ohne daß die anderen auf mich sauer sind. Mama hat Angst, daß ich in der Schule schlechter werde. Papa möchte sicher sein, daß Anrufe für ihn auch durch-**

kommen. Schwesterchen will ebenfalls das Telefon benutzen können. Stimmt das so?

FAMILIE: **Ja, das ist richtig. Und was jetzt?**

DU: **Okay. Jetzt kommen wir zu Stufe zwei, wo wir uns Lösungsmöglichkeiten überlegen müssen. Das heißt, wir versuchen so viele Möglichkeiten zu finden, wie wir können, egal wie dumm oder weit hergeholt sie scheinen. Selbst die merkwürdigsten Ideen können vielleicht zu einer Lösung führen. Die einzige Regel hier ist, daß wir nicht sofort über die Ideen reden und auf keinen Fall etwas kritisieren. Keine Diskussion, keine Ablehnung, nur massenweise Ideen sammeln. Und jemand sollte sie aufschreiben. Mama, machst du das? In Ordnung. Wer hat Ideen? Schwesterherz?**

SCHWESTER: **Ein zweites Telefon, nur für mich.**

PAPA: **Also hör mal, wir können nicht ...**

DU: **Keine Diskussion, Papa. Vergiß das nicht. Jetzt nur Ideen sammeln. Mama?**

MAMA: **Wir könnten die Zeit beschränken, die du abends telefonieren darfst.**

PAPA: **Keine Telefonate nach acht Uhr.**

SCHWESTER: **Ein Telefon nur für die Kinder.**

DU: **Das Telefon abschaffen.**

PAPA: **Nicht mehr als zehn Minuten pro Gespräch.**

DU: **Wie wäre es, wenn Schwesterchen das Telefon bis halb neun benutzen darf, nachdem sie früher ins Bett geht als ich, und dann könnte ich es danach benutzen?**

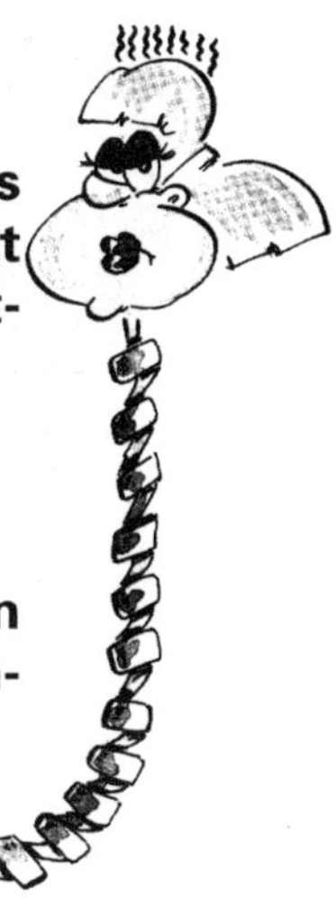

SCHWESTER: **Warum muß ich früher ins Bett?**

DU: **Schwesterherz! ... Sonst noch Ideen? Mama?**

MAMA: **Wir könnten vielleicht deine Telefonate von deinen Noten abhängig machen. Wenn deine Noten schlechter werden, kürzen wir dir die Telefonzeit.**

PAPA: **Mehr Briefe schreiben.**

DU: **Okay, noch etwas?**

FAMILIE: **Nein.**

DU: **Also gut. Jetzt kommen wir zu Stufe drei. Nun diskutieren und bewerten wir die Ideen. Mama, kannst du die Liste mal vorlesen?**

Mama liest vor.

DU: **Also los, diskutieren wir die Ideen. Schwesterchen?**

SCHWESTER: **Ich finde, wir sollten „Briefe schreiben" wieder streichen. Ich mag nicht gerne schreiben, und wenn man etwas gleich wissen will, kann man nicht erst auf einen Brief warten.**

DU: **Irgendwelche Einwände?**

MAMA: **Nein, und wenn wir schon dabei sind, laßt uns „Das Telefon abschaffen" auch gleich streichen.**

DU: **Hat irgend jemand was dagegen, daß wir die beiden Ideen streichen? Ich möchte das mit den schlechten Noten auch streichen.**

MAMA: **Und warum?**

DU: **Hör mal, Mama. Wie waren meine Noten bisher?**

MAMA: **Nun, in Ordnung.**

DU: **Na siehst du. Ich denke, du machst dir hier unbegründet Sorgen. Wenn meine Noten tatsächlich schlechter werden, können wir immer noch darüber reden. Aber nicht jetzt. Warum sollten wir uns über etwas Gedanken machen, was gar nicht existiert?**

PAPA: **Da hast du recht.**

MAMA: **In Ordnung. Ich bin einverstanden, das zu streichen.**

DU: **Okay. Und jetzt die beiden Ideen, ein Telefon für die Kinder oder eines für Schwesterchen allein anzuschaf-**

fen. Wer wird dafür bezahlen? Ich hab das Geld bestimmt nicht.

SCHWESTER: **Ich auch nicht.**

PAPA: **Und ich auch nicht.**

SCHWESTER: **Also, Papa, du hast doch das Geld!**

PAPA: **Ich meine damit, daß ich nicht so gern Geld für einen zweiten Telefonanschluß rausschmeißen möchte. Vielleicht können wir mit den anderen Ideen noch etwas anfangen?**

DU: **Jetzt bleiben uns noch zwei Probleme: Schwesterchen will auch telefonieren, und Papa muß erreichbar sein. Die Vorschläge, die wir noch haben, sind: Beschränkung der Gespräche auf zehn Minuten und daß ich erst nach halb neun telefoniere.**

MAMA: **Wie wäre es, wenn wir die beiden Vorschläge kombinieren?**

DU: **Ich möchte aber auch länger als zehn Minuten telefonieren können.**

PAPA: **Die meisten Anrufe für mich kommen nach acht Uhr. Wie wäre es, wenn die Kinder sich die Zeit vor acht unbeschränkt teilen, und nach acht gibt es nur noch Telefonate von maximal zehn Minuten. Dazwischen müssen immer fünf Minuten Pause sein, damit ich angerufen werden kann.**

DU: **Das klingt annehmbar. Schwesterchen, du hast dann die Zeit zwischen sechs und sieben, und ich die zwischen sieben und acht, wobei wir uns in dringenden Fällen ja einigen können, okay?**

SCHWESTER: **Meinetwegen.**

DU: **Dann ist das so beschlossen, und wir werden sehen, wie es funktioniert, einverstanden?**

FAMILIE: **Einverstanden.**

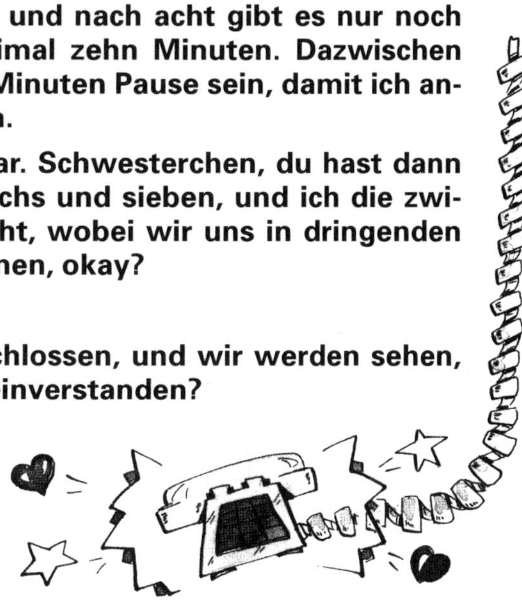

Die Einberufung eines Familienrats hilft! Warum?

1. Viele Probleme gibt es nur, weil niemand sich die Mühe macht, sie ernsthaft lösen zu wollen. Ein Familienrat behandelt ein Problem so lange, bis es gelöst ist.
2. Durch die verschiedenen Stufen wird der Ablauf aufgegliedert. So entsteht ein Gefühl von Sicherheit und Ordnung bis zum Finden einer Lösung.
3. Niemand wird beschuldigt, keiner sitzt auf dem heißen Stuhl.
4. Der Ablauf führt zu kreativen Lösungen und Kompromissen, die andernfalls vielleicht nie in Erwägung gezogen würden.
5. Nur wenn *alle* einer Lösung zustimmen, wird sie ausgeführt. Niemand verliert. Es gibt auch keine Wahlen mit Mehrheitsbeschluß, sondern es wird nach einer Übereinstimmung von allen Beteiligten gesucht. Wer bei dieser Suche von Anfang an mit einbezogen wurde, wird auch wollen, daß die Durchführung des Beschlusses klappt.
6. Der Familienrat konzentriert sich auf die Zukunft, und nicht auf die Vergangenheit, auf das Suchen nach einer Lösung, und nicht auf Schuldzuweisungen.
7. Ein Familienrat trägt dazu bei, daß die Familienmitglieder sich untereinander wieder näherkommen und zusammenhelfen.
8. Sind sieben Gründe nicht genug?

Hier kommen noch einige Tips, die die Chancen auf Erfolg bei einem Familienrat noch verbessern:

1. Erkläre deiner Familie vorher sorgfältig, wie ein Familienrat funktioniert. Dann fühlt sich niemand unter Druck gesetzt.
2. Sei geduldig. Gut Ding will Weile haben.
3. Achte darauf, daß jeder die Regeln einhält. Die sind dazu da, um die Gefühle jedes Einzelnen zu schützen. Du-Botschaften sind nicht erlaubt, denn sie greifen an. Keine Beurteilung oder Diskussion während der Ideensammlung, denn das beeinflußt die Ideen der einzelnen. Wer wird sich noch trauen, etwas vorzuschlagen, wenn jemand anders es als „dumm“ bezeichnet?
4. Schlage einen regelmäßigen Zeitpunkt für euren Familienrat vor. Jeder in der Familie hat viele Dinge um die Ohren. Wenn es keine regelmäßigen Termine gibt, wird es schwer, alle zusammenzubekommen. Wenn ein Notfall eintritt, kannst du immer noch eine Sondersitzung einberufen. Wenn der Familienrat zu einem festge-

legten Termin keine Probleme zu lösen hat, dann geht doch einfach zusammen Pizza essen.

5. Tagt nicht zulange. Sonst werdet ihr nur unruhig, die Gedanken schweifen ab, und Widerstand baut sich unbewußt auf. Vielleicht könnt ihr die Anliegen der jüngeren Geschwister zuerst drannehmen. Dann können sie gehen, wenn Probleme behandelt werden, die sie nicht mehr betreffen.
6. Falls jemand mit einer Schlüsselrolle in einem Konflikt aus zwingenden Gründen nicht dabeisein kann, versucht einen anderen Termin zu finden. Wenn jemand einfach nicht kommen will, dann findet ohne ihn oder sie eine Lösung. Demokratie verlangt Mitarbeit. Er oder sie verliert dann eben die Chance, mitzubestimmen.
7. Sei realistisch! Wenn du weißt, daß deine Telefonate durchschnittlich eine Stunde dauern, tu nicht so, als ob du sie plötzlich auf fünf Minuten begrenzen könntest. Wenn du kein Geld hast, erkläre nicht, du könntest selbst einen weiteren Telefonanschluß bezahlen. Kapiert?
8. Manche Lösungen funktionieren vielleicht nicht. Möglicherweise wurde der eigentliche Grund nicht klar erkannt, oder die Umstände haben sich geändert. Verwendet einen Teil der Zeit des Familienrats zu überprüfen, ob Lösungen früherer Probleme auch funktioniert haben. Wenn etwas schiefgelaufen ist, dann versucht es aus einem anderen Blickwinkel neu anzugehen.
9. Jedesmal sollte ein anderes Familienmitglied den Vorsitz führen. Das verhindert, daß eine Person eine Führungsposition einnimmt.

6. Kapitel

Die üblichen Konflikte

Ein Anhang mit Lösungsvorschlägen

Junge Leute der ganzen Welt teilen sich das gleiche Problem: Streit darüber, was ihnen erlaubt ist und was die Eltern an ihnen auszusetzen haben.
Dieses Kapitel bringt eine Auswahl der üblichen Eltern-Teenager-Probleme. Benutze sie als Anhaltspunkt für Lösungsmöglichkeiten.
Auch wenn die Probleme sich gleichen, ist die Situation in jeder einzelnen Familie eine andere. Kombiniere die Ideen dieses Buches, bleib flexibel und einfallsreich. Früher oder später wirst du die für dich passende Mischung von Taktiken finden, die deine Probleme löst und deine Bedürfnisse befriedigt.

Selbstgezüchtete Probleme

Die Widrigkeiten des Zusammenlebens

Der Streitpunkt: Essen/Essenszeiten

Das Problem	Wie du es siehst	Wie deine Eltern es sehen
Unterschiedliche Essenswünsche.	„Igitt! Das kann ich nicht essen."	„Du ißt, was auf den Tisch kommt."
Gemeinsame Mahlzeiten.	„Warum müssen wir immer alle zusammen essen?"	„Die Mahlzeiten sind Familienzeit. Wir möchten mit unseren Kindern essen."
Die Essenszeit.	„Es ist zu früh. Warum kann ich nicht später essen?"	„Das hier ist kein Restaurant. Entweder ißt du, wenn wir essen, oder du ißt gar nicht."
Gesunde Ernährung oder Junk-food.	„Hilfe! Ich brauche sofort einen Big-Mac."	„Wenn du etwas zwischendurch brauchst – hier sind Sonnenblumenkerne."
Die Eltern denken, du hast lausige Tischmanieren.	„Ständig meckern sie daran herum, wie ich meine Gabel halte.	„Du mußt dich auch benehmen können, wenn du woanders zum Essen eingeladen bist."

Sei ehrlich und frage dich:

- Sind deine Essensgewohnheiten ungesund? Bist du McDonald's-süchtig?
- Hinterläßt du ständig in der Küche ein Chaos?
- Bist du ein verwöhnter Esser?
- Sind Mahlzeiten ein Schauplatz für Familienstreitigkeiten geworden?

Einige Vorschläge:

- Suche bei dir selbst und bei deinen Eltern nach den wirklichen, den versteckten Gründen für eure Probleme. Versuchst du, die gemeinsamen Mahlzeiten aus praktischen Gründen zu meiden (damit du nicht schon um sechs zu Hause sein mußt?) oder wegen etwas anderem (z. B. die ständigen Streitigkeiten am Eßtisch)?
- Bringe das Thema bei einem Familienrat zur Sprache. Einigt euch dort auf klare Regeln für Essen und Essenszeiten. Beispiele:
  - Wenn du hinterher alles wegräumst und saubermachst, kannst du dir kleine Zwischenmahlzeiten nehmen.
  - Wenn du vorher Bescheid gibst, kann an manchen Tagen die Essenszeit verlegt werden.
  - Wenn du nichts essen möchtest, mußt du auch nicht, aber du kannst dann später auch nichts mehr haben.
- Stell eine Liste zusammen mit Mahlzeiten, die jeder gern ißt.
- Halte schriftlich fest, wer was wann tut: Tisch decken, abräumen, kochen, Abwasch usw.
- Schlag eine Probezeit für bessere Tischmanieren vor. Bitte deine Eltern, dich bei Tisch nicht dauernd zu kritisieren. Du wirst dir dafür mehr Mühe geben.

Der Streitpunkt: Telefonbenutzung

Das Problem	**Wie du es siehst**	**Wie deine Eltern es sehen**
Deine Eltern denken, du telefonierst zuviel.	„Niemand braucht das Telefon gerade.“ „Wir machen zusammen Hausaufgaben.“ „Nimm mir das Telefon weg, und du nimmst mir meinen Lebensinhalt.“	„Wir möchten nicht, daß unser Anschluß ständig belegt ist. “ „Die Hausaufgaben dauern fünf Minuten. Das Quatschen fünf Stunden.“ „Deine schulischen Leistungen leiden darunter.“

Sei ehrlich und frage dich:

- Bist du telefonsüchtig?
- Machst du das Telefon frei, wenn die anderen es benützen wollen?
- Bist du schlecht in der Schule? Gibt es da Grund für deine Eltern, sich Sorgen zu machen?

Einige Vorschläge:

- Such nach versteckten Gründen. Liegt es daran, *daß* du telefonierst oder *mit wem* du telefonierst, was deine Eltern auf die Palme bringt?
- Bring das Thema bei einer Familienratssitzung zur Sprache. (Siehe Seite 173 zu genau diesem Thema.)

Der Streitpunkt: Gemeinsames Zimmer

Das Problem	Wie du es siehst	Wie deine Eltern es sehen
Du bist unglücklich darüber, daß du kein eigenes Zimmer hast.	„Ich kann mich überhaupt nicht zurückziehen.“ „Ich kann keine Freunde einladen.“ „Nur wegen ihm muß ich abends immer das Licht ausmachen.“	„Es gibt Schlimmeres, als sich ein Zimmer teilen zu müssen.“ „Du kannst mit deinen Freunden ins Wohnzimmer gehen.“ „Wenn wir noch ein Zimmer hätten, würden wir es dir ja gern geben.“

Sei ehrlich und frage dich:

- Bist du der einzige, der ein Zimmer mit jemandem teilen muß, oder müssen sich alle anderen auch einschränken?
- Millionen von *ganzen Familien* leben in einem einzigen Zimmer! Wenn du die Größe deiner Familie betrachtest und das Geld, das deine Eltern verdienen, kannst du dann immer noch ein eigenes Zimmer fordern?

Einige Vorschläge:

- Nehmen wir einmal an, das Problem existiert, weil es kein leeres Zimmer gibt, das nur noch auf dich wartet, könntest du dann vielleicht
  - dein Zimmer in zwei Bereiche aufteilen – einen für dich und einen für deine Schwester?
  - mit anderen Geschwistern das Zimmer tauschen?
  - für dich Rückzugsmöglichkeiten irgendwo im Haus oder in der Wohnung schaffen, wie zum Beispiel im Keller, auf dem Dachboden oder so?
- Ist deine Familie in der Lage, in ein größeres Haus umzuziehen oder anzubauen?
- Kannst du bei gutem Wetter ein Zelt im Garten aufstellen oder ein Baumhaus für dich bauen?

Der Streitpunkt: Lärm

Das Problem	**Wie du es siehst**	**Wie deine Eltern es sehen**
Die Eltern beschweren sich über deinen Lärm.	„Was? Ich kann euch nicht verstehen."	„Es ist ZU LAUT!!!"
Die Eltern mögen deine Musik nicht.	„Wenn sie ihnen nicht gefällt, müssen sie ja nicht hinhören."	„Das nennst du Musik?!?"

Sei ehrlich und frage dich:

- Bist du ein Umweltverschmutzer durch Lärm? Denken die Nachbarn jedesmal, wenn du die Anlage andrehst, jemand hätte gerade die Schallmauer durchbrochen?
- Haben deine Eltern etwas gegen Lärm an sich, oder geht es um die Frage, *wann* du zu laut bist?
- Hast du dir kürzlich die Ohren gesäubert? Ich sagte: HAST DU DIR KÜRZLICH DIE OHREN GESÄUBERT?

Einige Vorschläge:

- Sei leiser.
- Schließ deine Tür.
- Benutze Kopfhörer.
- Warte, bis deine Eltern das Haus verlassen haben, wenn du auf volle Lautstärke drehen willst.
- Biete „ruhige Stunden" an zum Tausch für einige „Volle-power-Zeit".
- Dichte deinen Raum ab. Wenn du kein richtiges Material hast, benutze Decken, Styropor, Kork und ähnliches, um die Lautstärke nach draußen zu dämpfen.
- Kauf deinen Eltern Ohrstöpsel.
- Dreh den Baß leiser.
- Warte ein paar Jahre. Wenn du immer so laut bist, werdet ihr alle bald schlecht hören.

Der Streitpunkt: Sauberkeit deines Zimmers

Das Problem	Wie du es siehst	Wie deine Eltern es sehen
Was wohl? Deine Eltern denken, dein Zimmer ist ein einziges Chaos.	„Es ist mein Zimmer. Darin kann es so aussehen, wie ich es will.“ „Sie müssen es ja nicht betreten, wenn es ihnen nicht paßt.	„Kein Zimmer in unserem Haus soll wie ein Schweinestall aussehen.“ „Du gehst nicht verantwortungsvoll mit deinem Eigentum um.“

Sei ehrlich und frage dich:

- Wie schmutzig ist dein Zimmer wirklich?
- Warum ist es in einem solchen Zustand? Weil du weißt, wie sehr es deine Eltern ärgert? Weil du keine Zeit zum Saubermachen hast? Weil du nicht genug Stauraum hast?
- Teilst du dir das Zimmer mit jemandem? Stört deinen Mitbewohner dieser Zustand?
- Stinkt dein Zimmer bereits?
- Bilden sich in den Ecken bereits außergewöhnliche kleine Lebensformen?

Einige Vorschläge:

- Mach die Tür zu.
- Schließe einen Kompromiß: Nur „tote“ Unordnung erlaubt. Kein Essen, Trinken, Schimmel oder eklige kleine Tierchen.
- Laß dir beim Saubermachen helfen und biete dafür an, auch bei den anderen Zimmern zu helfen.
- Besprecht das Problem bei einem Familienrat.
- Schließe aus, daß deine Unordnung irgendeine Auswirkung auf die anderen Familienmitglieder oder den Rest der Wohnung hat. Dann versuche deine Eltern davon zu überzeugen, daß dein Zimmer deine Privatangelegenheit ist.

- Bei praktischen Gründen für das Chaos – zu wenig Stauraum oder Freunde, die dein Zimmer in eine Wüste verwandeln – versuche diese Ursachen zu umgehen.
- Setz dir selbst jede Woche eine bestimmte Zeit, in der du dein Zimmer halbwegs aufräumst und saubermachst.
- Richte dir einen „Schrottplatz“ ein, wie z. B. unter dem Bett oder im Schrank, wo du alles hineinschmeißen kannst, wenn du in Eile bist.

Der Streitpunkt: Badezimmer-Gewohnheiten

Das Problem	Wie du es siehst	Wie deine Eltern es sehen
Die Eltern beschweren sich darüber, daß du zu lange brauchst.	„Schönheit braucht seine Zeit.“	„Die anderen wollen auch das Bad benützen.“
Die Eltern beschweren sich darüber, wie du das Bad hinterläßt.	„Es ist ja schon zwanghaft, wie sie alles sauberhalten wollen.“	„Säubere die Wanne, nachdem du sie benutzt hast.“ „Klapp die Klobrille hoch!“
Das Zahnpastatubenproblem	„Als hätten sie nicht schon genug Probleme!“	„Roll die Tube auf, während du sie benutzt!“ „Steck den Deckel wieder drauf!“

Sei ehrlich und frage dich:

- Verletzt du die Rechte der anderen?
- Brauchst du länger als jeder andere?
- Bist du ein Ferkel?

Einige Vorschläge:

- Um Zahnpasta-Alpträume zu vermeiden, kauf Tuben mit Klappverschluß. Oder gestatte Papa seine Neurose und roll die Tube auf. Oder kauf dir deine eigene Tube und quetsch sie so schief aus, wie es dir gefällt.
- Jungen: Klappt die Brille hoch! (Wie würde *euch* ein nasses Hinterteil gefallen?) Und schließt den Deckel, wenn ihr fertig seid!
- Braucht ihr in eurem Bad mehr Handtuchhaken?
- Wie wäre es mit einem Plan für die jeweiligen Zeiten der Badbenutzung. Wichtig dabei ist:
  - Wer steht zuerst auf?
  - Wer muß wann das Haus verlassen?
  - Wieviel Zeit braucht jeder im Bad?
- Verlege das Lesen und „Sonstiges" woanders hin. Nutze deine Badezimmerzeit für die Aktivitäten, die nur dort erledigt werden können.

Der Streitpunkt: Pflichten

Das Problem	**Wie du es siehst**	**Wie deine Eltern es sehen**
Deine Eltern erinnern dich dauernd an deine Pflichten.	„Warum können sie sich das nicht abgewöhnen?"	„Tu deine Jobs, dann brauchen wir dich nicht immer daran erinnern."
Ungerechte Verteilung der Jobs.	„Warum muß ich mehr machen als meine Schwester?"	„Das kannst du nicht vergleichen. Sie ist jünger als du."
Keine Zeit für deine Jobs.	„Ich bin zu beschäftigt."	„Wenn du nicht so oft herumhängen würdest, hättest du die Zeit."
Streit darüber, ob du dafür bezahlt werden solltest.	„Wenn ich es nicht täte, müßtet ihr jemand dafür bezahlen."	„Du bist ein Teil dieser Familie. Wir werden auch nicht für unsere Hausarbeit bezahlt."

Sei ehrlich und frage dich:

- Vergißt du öfter, deine Pflichten zu erledigen?
- Warum solltest du dafür bezahlt werden, deinen Beitrag für die Familie zu leisten?
- Wenn deine Geschwister weniger tun, gibt es dafür einen vernünftigen Grund? Sind sie jünger? Haben sie Hausaufgaben oder andere Verpflichtungen, die ihnen die Zeit nicht lassen?

Einige Vorschläge:

- Mach eine Liste deiner ganzen Aufgaben.
- Stell einen Zeitplan für deine Pflichten auf. Halte dich daran. Du wirst sie dann auch nicht mehr vergessen.
- Um das elterliche Herummeckern zu verhindern, erledige deine Pflichten rechtzeitig.
- Tausche mit deinen Geschwistern, wenn du einmal deine Pflichten nicht erledigen kannst.
- Frage deine Eltern, ob sie nicht eine Liste von Extra-Jobs machen wollen, womit du Extra-Geld verdienen könntest.

Der Streitpunkt: Streit mit Geschwistern

Das Problem	**Wie du es siehst**	**Wie deine Eltern es sehen**
Kämpfe und Sticheleien untereinander	„Ich hasse sie.“ „Sie fordert mich heraus.“ „Es ist nicht meine Schuld. Sie hat angefangen.“	„Es ist nicht schön, daß ihr so miteinander umgeht.“ „Ignoriere sie und benimm dich deinem Alter entsprechend. Sie ist fünf Jahre jünger als du.“ „Es ist mir egal, wer angefangen hat. Dieses ständige Gekabbel hat aufzuhören.“

Sei ehrlich und frage dich:

- Warum streitet ihr? Langeweile? Gewohnheit? Läßt du deinen Ärger an gerade verfügbaren Geschwistern aus?
- Behandelst du deine Geschwister so, wie du es bei deinen Eltern haßt?
- Was könnten deine versteckten Gründe sein? Bist du auf einen Machtkampf aus? Bist du eifersüchtig? Willst du deinen Eltern was heimzahlen?

Einige Vorschläge:

- Überzeuge deine Eltern davon, daß es im Interesse von allen ist, wenn du und deine Geschwister eure Probleme selbst löst.
- Finde heraus, was deine Geschwister sich denken. Nehmen sie ernst, was du als Scherz ansiehst?
- Entdecke immer wieder auftauchende Konflikte und versuche sie zu lösen.

Der Streitpunkt: Geld

Das Problem	**Wie du es siehst**	**Wie deine Eltern es sehen**
Deine Eltern geben dir kein Taschengeld.	„Ich habe ein Recht darauf, Taschengeld zu bekommen.“	„Wenn du Geld willst, dann verdiene es dir.“
Das Taschengeld ist zu niedrig.	„Ich brauche mehr Geld.“	„Du bekommst mehr als genug für dein Alter.“
Die Eltern benutzen das Taschengeld, um dich unter Druck zu setzen.	„Das ist nicht fair.“	„Es funktioniert doch, oder?“
Den Eltern paßt nicht, wofür du dein Geld ausgibst.	„Es ist meine Sache, wofür ich mein Geld ausgebe.“	„Du bekommst von uns nicht mehr Geld, weil du es dann nur für Schrott ausgibst.“

Das Problem	**Wie du es siehst**	**Wie deine Eltern es sehen**
Die Eltern denken, du bist verwöhnt und wirfst dein Geld zum Fenster hinaus.	„Das stimmt nicht. Nur paßt es ihnen nicht, *wie* ich mein Geld ausgebe.“	„Du kannst den Wert von Geld nicht schätzen. Als ich in deinem Alter war …“

Sei ehrlich und frage dich:

- Du willst jede Woche Geld, nur weil du zur Familie gehörst. Beteiligst du dich auch jede Woche an Familienaufgaben, weil du zur Familie gehörst?
- Wir alle hätten gern mehr Geld. Ist dein Taschengeld gerecht (selbst wenn du dir wünschst, es wäre mehr), wenn du überlegst, wieviel Geld deine Familie zur Verfügung hat, was du brauchst, wie viele Kinder ihr seid usw.?

Einige Vorschläge:

- Es kann von Kindern nicht erwartet werden, daß sie für sich selbst sorgen. Sie sollten ein Taschengeld erhalten, das nichts mit den Aufgaben oder ihrem Betragen zu tun hat.
- Wenn du kein Taschengeld bekommst, besprich den Grund mit deinen Eltern. Sei realistisch in deinen Erwartungen. Finde heraus, warum sie dir keines geben. Liegt es daran, daß sie selbst zu wenig Geld haben? Weil sie denken, daß du verwöhnt bist?
- Stell eine ehrliche Liste auf, um zu zeigen, wieviel Geld du brauchst. Geh sie mit deinen Eltern durch. Vielleicht bewegt sie das dazu, dein Taschengeld zu erhöhen.
- Du brauchst mehr Geld? Dann such dir einen Job.
- Wenn deine Eltern dein Taschengeld als Waffe einsetzen, um dich unter Kontrolle zu halten, frage dich, ob du ihnen eine andere Wahl läßt. Ist es ihre letzte Möglichkeit, mit dir klarzukommen? Schlage andere Reaktionen auf dein Verhalten vor.

Es ist mein Leben

Probleme aufgrund von verschiedenen Werten und Geschmack

Der Streitpunkt: Die Wahl der Freunde

Das Problem	**Wie du es siehst**	**Wie deine Eltern es sehen**
Die Eltern mögen deine Freunde nicht.	„Na und? Sie müssen ja nichts mit ihnen zu tun haben."	„Wir mögen diese Kerle nicht, mit denen du immer herumhängst."
Die Eltern denken, du verbringst zuviel Zeit mit deinen Freunden.	„Ich bin gern mit meinen Freunden zusammen. Das ist mir am wichtigsten."	„Es gibt noch mehr im Leben außer Freunde. Wie deine Schulaufgaben, zum Beispiel."
Die Eltern denken, du läßt dich zu sehr von deiner Clique beeinflussen.	„Ich denke, sie schieben nur gern die Schuld auf meine Freunde. Aber ich treffe meine eigenen Entscheidungen."	„Wenn deine Freunde sagen ‚Spring!', dann springst du. Warum denkst du nicht selbst nach?"

Sei ehrlich und frage dich:

- Sind das normale elterliche Vorurteile, oder gibt es einen bestimmten Grund?
- Hängst du mit einer Gruppe von Angebern herum, nur um deine Eltern zu ärgern?
- Hast du Schwierigkeiten, Freundschaften zu schließen? Bist du mit diesen Typen zusammen, weil *du* sie magst, oder weil *sie* dich mögen?
- Bist du mit diesen Freunden schon einmal in Schwierigkeiten gekommen?
- Wann hast du das letztemal einen neuen Freund gefunden?

Einige Vorschläge:

- Was genau haben deine Eltern gegen deine Freunde? Wenn du es weißt, benutze diese Information, um nach versteckten Hintergründen zu suchen und das Problem zu lösen.
- Wenn deine Eltern dir vertrauten, würden sie sich nicht wegen deiner Freunde Sorgen machen. Warum vertrauen sie dir nicht? Was befürchten sie von deinen Freunden?
- Wenn deine Eltern meinen, daß du zuviel Zeit mit Freunden verbringst, haben sie vielleicht das Gefühl, daß du nicht genug Zeit für andere Dinge hast. Wofür?
- Häng nicht mit Typen herum, die du nicht magst, nur weil sie gerade verfügbar sind oder weil deine Eltern sie nicht mögen. Triff deine eigene Entscheidung.
- Sag deinen Eltern, wie du dich fühlst, wenn sie deine Freunde schlechtmachen. Benutze Ich-Botschaften. Erinnere sie an die Wichtigkeit von Cliquen für Jugendliche. Sie haben vielleicht vergessen, wie wichtig ihre Freunde ihnen waren.

Der Streitpunkt: Freund/Freundin

Das Problem	Wie du es siehst	Wie deine Eltern es sehen
Die Eltern denken, du bist zu jung, um einen Freund/eine Freundin zu haben.	„Wir tun nichts, worüber sie sich Sorgen machen müßten."	„Du solltest in deinem Alter noch keine ernsthafte Bindung eingehen. Du weißt ja noch gar nicht, was Liebe ist."
Die Eltern denken, du und dein Freund/deine Freundin verbringt zuviel Zeit miteinander.	„Es ist mein Leben. Wir sind eben gern zusammen."	„Du solltest mehr andere Leute kennenlernen."
Die Eltern mögen deinen Freund/deine Freundin nicht.	„Es geht sie nichts an."	„Wir denken, du machst einen großen Fehler, und das wollen wir verhindern."

Sei ehrlich und frage dich:

- Wie ernst ist es dir wirklich?
- Hat diese Beziehung dich dazu gebracht, dich vom Rest der Welt abzuschotten?
- Vernachläßigst du wegen dieser Beziehung andere Bereiche deines Lebens? Schule? Freundschaften?
- Fühlst du dich in Gruppen wohl? Siehst du noch andere Freunde?
- Gehst du nur deshalb mit jemandem, um deine Eltern zu schockieren?
- Gibt es irgendwelche vernünftigen Einwände deiner Eltern gegen deine Wahl?
- Befindest du dich in einer Beziehung, von der du nicht weißt, wie du sie beenden sollst?

Einige Vorschläge:

- Finde versteckte Gründe. Was befürchten deine Eltern? Sex? Den Verlust deiner Zuneigung? Daß ihr Baby erwachsen wird? Daß du deine anderen Pflichten vernachläßigst? Das Problem kann nicht gelöst werden, solange du nicht weißt, wo es liegt.
- Die erste Liebe ist etwas Wunderbares. Achte trotzdem darauf, daß du dich verantwortungsbewußt verhältst. Wenn du offen mit deinen Eltern darüber sprichst, machen sie sich vielleicht weniger Sorgen.
- Wenn deine Eltern befürchten, daß du deine anderen Freundschaften vernachläßigst – wie wäre es, wenn du mit deinem Freund/deiner Freundin auch öfter in größeren Gruppen unterwegs wärst?
- Wenn dein Freund/deine Freundin so wunderbar ist, wie du meinst, stell ihn/sie deinen Eltern vor. Vielleicht sind sie dann begeistert. Betone die Vorteile deines Freundes/deiner Freundin, wie zum Beispiel schulische Erfolge, gute Familie, Abneigung gegen Drogen usw. Irgendwann kommt vielleicht der Tag, an dem deine Eltern dich bitten, mehr Zeit miteinander zu verbringen.

Der Streitpunkt: Feten

Das Problem	Wie du es siehst	Wie deine Eltern es sehen
Deine Eltern lassen dich nicht auf Feten.	„Sie lassen mich nie etwas machen.“ „Wenn ich nicht auf Feten gehen darf, bin ich out.“	„Wir wissen alle, was auf diesen Feten passiert.“ „Du kannst bei uns eine Fete geben, wenn du willst.“

Sei ehrlich und frage dich:

- Haben deine Eltern Grund zur Sorge?
- Bist du schon von einer Fete zu spät, betrunken oder unter Drogen nach Hause gekommen?
- Haben deine Eltern Schlechtes über Feten gehört, auf denen du mit deinen Freunden warst?

Einige Vorschläge:

- Bau Vertrauen auf. Zeig, daß du selbstbewußt bist und dem Gruppenzwang widerstehen kannst.
- Sammle Informationen. Finde heraus, welche Sorgen sich deine Eltern genau machen. Können sie durch einen Kompromiß, eine Probezeit oder ähnliches beruhigt werden?
- Fordere deine Eltern auf, mit den Eltern der „einladenden“ Freunde zu sprechen.

Der Streitpunkt: Kleidung/Aussehen

Das Problem	**Wie du es siehst**	**Wie deine Eltern es sehen**
Deine Eltern haben etwas gegen – deine Kleidung – deine Frisur – deine Schlampigkeit – dein Make-up.	„Sie haben ständig etwas an mir auszusetzen." „Es ist mein Leben. Ich kann so aussehen, wie ich will." „Ich sage ihnen ja auch nicht, wie sie sich anziehen sollen. Also sollen sie mich in Ruhe lassen."	„Du siehst aus wie ein …" (bitte wahlweise einsetzen!) „Mein Kind geht nicht so aus dem Haus!" „Es ist mir peinlich, mich irgendwo mit dir sehen zu lassen."

Sei ehrlich und frage dich:

- Bekommt man einen Schock, wenn man dich sieht?
- Kleidest du dich nach deinem Geschmack oder um deine Eltern zu schockieren?
- Wie oft wechselst du deine Haarfarbe?
- Könnte man dich mit einem Stinktier verwechseln?

Einige Vorschläge:

- Sammle Informationen. Erinnere deine Eltern an die Mode, die zu ihrer Zeit „in" war und was ihre Eltern dagegen hatten. Mache deinen Eltern klar, daß es hier um den Geschmack von einer Generation im Vergleich zur anderen geht und nicht euren persönlichen Konflikt.
- Suche nach Kompromissen. Zieh dich in deiner Welt (Schule, Feten, wenn du mit Freunden ausgehst) deinen Vorstellungen entsprechend an. Wenn du dich im Umfeld deiner Eltern bewegst (mit ihnen essen gehst, Verwandte besuchst usw.), leg nicht ganz so stark auf (du weißt schon, zum Beispiel nur ein Ohrring pro Nasenflügel.)

- Bezahle deine Kleidung selbst oder zumindest die verrücktesten Sachen. Vielleicht haben sie dann nicht mehr so viel gegen dein Kettenhalsband.
- Geh einen Tauschhandel ein. Wenn du das Lila aus deinen Haaren wäschst, müssen sie deine Lederjeans akzeptieren. So was in der Art ...
- Finde heraus, was genau deine Eltern stört. Ist es dein Hemd oder die Tatsache, daß du es hochbindest, um deinen herrlichen Bauch zu zeigen? Wenn es der bloße Bauchnabel ist, der sie verrückt macht, warte, bis du das Haus verlassen hast, bevor du ihn zeigst.
- Rede mit deinen Eltern. Benutze Ich-Botschaften und erkläre ihnen, wie du dich fühlst, wenn sie dein Aussehen kritisieren. Diskutiere dein Recht auf Entwicklung einer eigenen Persönlichkeit nach dem Motto: Leben und leben lassen.

Die Abgründe

Alkohol, Drogen, Sex

Der Streitpunkt: Alkohol

Das Problem	Wie du es siehst	Wie deine Eltern es sehen
Deine Eltern verbieten dir jeglichen Alkohol.	„Es ist unfair. Sie trinken schließlich selbst einen."	„Du bist viel zu jung für Alkohol."
Deine Eltern machen sich Sorgen, daß du zuviel trinken könntest.	„Für meine Eltern ist ein Schnapsglas voll Bier schon zuviel."	„Ein Schluck Bier hier zu Hause ist eine Sache. Aber wir möchten nicht, daß du bei deinen Freunden Alkohol trinkst."
Deine Eltern wollen dich nicht mit Freunden mitfahren lassen, die getrunken haben.	„Ich würde nicht mitfahren, wenn sie wirklich betrunken wären."	„Wir wollen nicht, daß du mit solchen Leuten mitfährst – keine Widerrede! Es ist zu gefährlich. Ruf uns an, dann holen wir dich ab."

Sei ehrlich und frage dich:

- Trinkst du Alkohol, um deine Freunde zu beeindrucken?
- Suchst du überall nach Gelegenheiten, um Alkohol trinken zu können?
- Magst du überhaupt den Geschmack?
- War dir schon einmal schlecht davon?
- Hattest du schon einmal das Gefühl, daß du die Kontrolle über dich verlierst und nicht mehr aufhören kannst zu trinken?

- Trinkst du so lange, bis du betrunken bist?
- Ist es schon passiert, daß du dich später an nichts mehr erinnern konntest, als du betrunken warst?
- Hat sich schon einmal ein Freund besorgt über deinen Alkoholkonsum geäußert?
- Alkoholismus unter Jugendlichen ist erstaunlich häufig. Es liegt in der Natur des Alkoholikers, daß er es nicht zugeben will. Wieviel trinkst du? Hast du dich schon einmal gefragt, ob du da ein Problem haben könntest?

Einige Vorschläge:

Es gibt keine leichten Antworten, was Alkohol bei Jugendlichen betrifft. Alkoholbedingte Unfälle bei jungen Menschen nehmen immer mehr zu. Und doch glauben alle, sie seien unsterblich und es seien immer die anderen, die getötet werden. Unglücklicherweise haben das die „anderen“ auch einmal gedacht, als sie noch lebten und denken konnten.

Mit deinen Eltern über Alkohol zu sprechen wird viel einfacher sein, wenn du ihr Vertrauen hast. Solange sie deinem Urteilsvermögen und deinem Selbstbewußtsein trauen, wissen sie auch, daß du in der Lage bist, auch unter Gruppenzwang einen klaren Kopf zu behalten.

Wenn du vermutest, daß du Alkoholprobleme hast, kannst du:

- mit deinen Eltern darüber sprechen?
- oder mit einem anderen Menschen, dem du traust, wie zum Beispiel einem Arzt, Lehrer oder Freund?

Alkohol und Autofahren

Es ist nicht einfach, zu deinen Freunden zu sagen: „Heh, laß mich aussteigen, du bist zu betrunken! Ich will mich nicht umbringen.“ Oder jemanden, der betrunken ist, vom Autofahren abzuhalten. Aber du mußt es tun, denn du bist schließlich selbstbewußt genug, um dein Leben und das deiner Freunde höher zu bewerten als eine kleine Angeberei.

Noch ein paar Tips zum Thema Autos und Alkohol

- Schließe ein Abkommen mit deinen Freunden. Überzeuge sie davon, daß es ziemlich wichtig ist, am Leben zu bleiben.

- Schließe auch mit deinen Eltern ein Abkommen. Bring deine Freunde dazu, daß sie das gleiche bei sich zu Hause tun. Dieses Abkommen sollte in etwa folgendermaßen aussehen:
  - Wenn du mit Freunden unterwegs bist und der Fahrer getrunken hat, werden irgendwelche Eltern von euch angerufen, um euch abzuholen.
  - Die Eltern müssen damit einverstanden sein, dann keine Fragen zu stellen, keine Kommentare oder Belehrungen abzugeben oder gar zu schimpfen. Sie sollten nur einen freundlichen Heimhol-Service anbieten.
  - Die Situation kann diskutiert werden, aber nicht vor dem nächsten Tag.

  Das bedeutet nicht, daß ihr einfach trinken könnt, wann es euch einfällt. Es bedeutet nur, daß Leben und Sicherheit an erster Stelle kommen.
- Verbringt die ganze Nacht bei dem Freund, wo ihr getrunken habt. Dann muß niemand fahren.
- Ruft ein Taxi.
- Legt euer Geld zusammen und engagiert euch einen Fahrer (zum Beispiel einen älteren Bruder oder eine Schwester).

Der Streitpunkt: Drogen

Das Problem	**Wie du es siehst**	**Wie deine Eltern es sehen**
Deine Eltern durchsuchen dein Zimmer und deine Sachen nach Drogen.	„Sie haben kein Recht, an meine Sachen zu gehen.“	„Bei so etwas Gefährlichem wie Drogen durchsuchen wir, wenn es sein muß, auch dein Zimmer.“
Deine Eltern verbieten dir, zu Freunden zu gehen, die Drogen nehmen.	„Sie können mir das nicht verbieten. Ich kann besuchen, wen ich will.“	„Wir wollen nicht, daß du von dieser Art von Freunden beeinflußt wirst.“
Deine Eltern machen sich Sorgen, daß du Drogen nimmst.	„Ich habe ihnen schon tausendmal gesagt, daß ich noch nie in meinem Leben Drogen genommen habe.“	„Wir können dir nicht immer vertrauen. Wie sollen wir sicher sein, daß du diesmal die Wahrheit sagst?“

Einige Gedanken über dieses Problem

Wenn du keine Drogen nimmst, weshalb sind deine Eltern so mißtrauisch? Hängst du viel mit Drogenabhängigen herum? Bist du flippig, unmotiviert oder deprimiert? Sind deine Noten plötzlich auf dem Tiefpunkt angelangt? Was verstehen deine Eltern falsch?

Finde es heraus. Sprich mit ihnen. Wenn sie dein Zimmer durchsuchen oder dir nicht trauen, muß es einen Vertrauenseinbruch gegeben haben. Versichere ihnen, daß du Urteilsvermögen und Selbstdisziplin besitzt. Bitte deine Geschwister oder nahe Freunde, sich auf deine Seite zu stellen.

Wenn du Drogen genommen hast, werde ich dir nicht auf den Rücken klopfen und sagen: „Mach nur weiter.“ Aber ich drücke auch nicht den roten Knopf. Ich beschimpfe dich nicht als verkommenes Subjekt, dessen ganzes Leben ruiniert ist, weil du Marihuana probiert hast. Bekanntermaßen gibt es auch Erwachsene, die Drogen ausprobiert haben, als sie jung waren, die es wieder aufgegeben haben und trotzdem ein glückliches, gesundes und verantwortungsbewußtes Leben führen.

Die Gefahr bei Drogen ist folgende: Es ist eine Art russisches Roulette. Jedesmal wenn du sie nimmst, setzt du dich einem Risiko aus. Vielleicht kommst du ein paarmal davon, aber die Chancen werden immer schlechter. Eine Kammer im Revolver ist auf jeden Fall mit einer Kugel geladen.

Laß uns einige dieser Risiken näher ansehen.

Die Jugend ist oft eine Zeit voller Schmerzen und Verletzbarkeit. Die Verletzlichkeit wächst, und es ist nur natürlich, daß du den Schmerz aufhalten willst. Aber wenn du Drogen nimmst, um deine Gefühle abzutöten und dich wohl zu fühlen, dann wächst du innerlich nicht weiter. Du lernst nicht, wie du mit dem Leben zurechtkommen kannst. Wenn du die schnelle, lustige, falsche Sicherheit suchst, die Drogen dir bieten, mögen deine Probleme zeitweise verschwinden – bis du wieder unter Druck stehst. Ein zerstörerischer Kreislauf ist in Gang gesetzt. Nur, daß du jetzt noch ein anderes Problem hinzugefügt hast: Drogen.

Denk an etwas, das du erlernt hast – Ski- oder Skateboardfahren, Gitarrespielen. Erinnerst du dich noch, wie schwierig das war? All die Stürze, Fehler, Peinlichkeiten, Enttäuschungen? Aber du hast weitergemacht. Du hast die Herausforderung angenommen, weiter geübt, herausgefunden, was du falsch gemacht hast. Jetzt nimm an, daß du jedesmal, wenn du Schwierigkeiten hattest, zu Drogen gegriffen hättest (ja, Alkohol ist auch eine Droge). Du hättest vielleicht dein Problem für einen Augenblick vergessen, aber du hättest nie gelernt, das Hindernis zu bezwingen.

Auch zu leben will gelernt sein, und es braucht eine Menge Übung. Die größte Gefahr von Drogen für Jugendliche liegt darin, daß Drogen die Fähigkeit, das Leben zu meistern, untergraben. Leute, die, egal in welchem Alter, Drogen und Alkohol zur Lebensunterstützung nehmen, hören auf, emotional zu wachsen.

Drogen und Alkohol trüben auch dein Urteilsvermögen. Du gehst Risiken ein und tust Dinge, die du sonst nicht tun würdest. Du versuchst vielleicht einen See zu durchschwimmen, oder du hast Sex, ohne zu verhüten, du läßt dich auf eine Prügelei ein oder vollführst den leichtsinnigsten Stunt. Wenn du Glück hast, passiert dir nichts. Wenn nicht, endest du vielleicht als Krüppel. Oder im Gefängnis. Oder du infizierst dich mit AIDS. Oder du bist tot.

Wenn du ein Problem mit Drogen oder Alkohol hast, sprich mit dei-

nen Eltern, einem Arzt, Vertrauenslehrer oder Freund. Du mußt herausfinden, warum genau du Drogen nimmst.

Wenn du vielleicht dir selbst gegenüber das Problem noch gar nicht erkannt hast, stell dir trotzdem ein paar Fragen:

- Nimmst du jetzt mehr Drogen als früher? Trinkst du mehr?
- Brichst du immer wieder deine Vorsätze, damit aufzuhören?
- Sind Grenzen, die du dir einmal gesetzt hast, schon überschritten? Beispiel: „Nur an Wochenenden. Nie in der Schule. Ich kaufe mir nie etwas davon. Keine harten Sachen."
- Hast du Freunde verloren, weil du trinkst oder Drogen nimmst?
- Bist du müde, faul, unmotiviert und hoffnungslos?
- Bist du oft unglücklich oder deprimiert?
- Fühlst du dich schuldig?
- Ist dein Leben festgefahren? Hast du in letzter Zeit etwas Neues getan oder gelernt?
- Sind deine Noten schlechter als zuvor?
- Wovor versteckst du dich? Welchen Schmerz willst du vermeiden?
- Verbringst du mehr Zeit als vorher mit Leuten, die trinken und Drogen nehmen?
- Stiehlst du, um Geld für Drogen oder Alkohol zu beschaffen?

Wenn diese Fragen bei dir etwas klingeln lassen, dann hast du wahrscheinlich ein ernstes Problem. Die größte Hürde ist, dies zuzugeben. Wenn du das einmal getan hast, kann man dir helfen. Wenn du nicht mit deinen Eltern reden kannst, sprich mit jemand anderem, dem du vertraust. Aber gib nicht auf! Laß dir von niemandem erklären, daß sich das Problem von selbst löst. Der fromme Wunsch allein läßt das Problem nicht verschwinden. Es macht es nur noch schlimmer.

Nachdem ich das alles gesagt habe, sollte ich mir vielleicht einen Rausch zulegen.

Ja, berauschen – am Leben. Den größten Rausch bekommst du vom Leben selbst, von der Liebe, der Natur, der Schönheit, vom Wissen, vom Wachsen, von der Kreativität. Werde high daran, daß du einen Job gut erledigst hast, oder vom Gefühl der Freundschaft. Laufe, singe, fliege. Öffne dich für andere. Das größte Hochgefühl wird niemals von Drogen kommen. Es kommt aus dir selbst.

Der Streitpunkt: Sexualität

Das Problem	**Wie du es siehst**	**Wie deine Eltern es sehen**
Deine Eltern interessieren sich für dein Sexualleben.	„Das geht sie überhaupt nichts an."	„Wir haben das Recht, über das Sexualleben unseres Kindes Bescheid zu wissen."
Deine Eltern mißbilligen voreheliche sexuelle Aktivitäten.	„Sie sind ja so prüde. Ich wette, ich bin ein Kind der unbefleckten Empfängnis."	„Sex sollte ein Teil der Ehe sein."
Deine Eltern halten dich von Situationen fern, die zu sexueller Versuchung führen könnten.	„Wenn ich Sex haben will, gibt es nichts, womit sie mich davon abhalten könnten."	„Wir wollen nicht, daß du in Situationen gerätst, für die du noch nicht reif genug bist."
Deine Eltern wollen nicht mit dir über Sex sprechen.	„Sie werden immer so verlegen. Aber ich kenne keine anderen Erwachsenen, mit denen ich darüber reden könnte."	„Wir möchten einfach nicht über diese Dinge reden. Wir haben dir ein Buch gekauft. Lies das."
Deine Eltern wollen deine sexuellen Neigungen nicht akzeptieren oder zur Kenntnis nehmen.	„Ich bin schwul/lesbisch, aber ich kann mit ihnen nicht darüber reden."	„Sei nicht albern. Du bist zu jung, um zu wissen, was du bist."
	„Wenn sie wüßten, daß ich schwul/lesbisch bin, würden sie mich rausschmeißen."	„Unser Kind könnte niemals schwul/lesbisch sein. So etwas will ich nie wieder hören."

Sei ehrlich und frage dich:

- Weißt du, wie Kinder gemacht werden? Ich meine es ernst! Du würdest niemals glauben, wie viele Jugendliche das nicht wissen. Oder sie glauben es zu wissen, aber haben so falsche Informationen wie: „Das erste Mal kannst du nicht schwanger werden.“ – „Wenn man ein Kondom benützt, kann überhaupt nichts passieren.“ – „Du kannst nicht schwanger werden, wenn das Mädchen hinterher duscht.“
- Fühlst du dich von deinen Freunden, der Gesellschaft oder deinem Freund/deiner Freundin unter Druck gesetzt, auch endlich Sex zu haben?
- Hast du Sex, um andere zufriedenzustellen? Um akzeptiert zu werden?
- Wechselst du oft den Partner/die Partnerin?

Einige Überlegungen:

Sex kann ein wunderschöner, wichtiger und lohnenswerter Teil des Lebens sein. Aber unglücklicherweise bekommt Sex durch AIDS eine neue Dimension: den TOD.

Sexuelle Beziehungen können körperlichen und seelischen Schaden anrichten, je nach Person und Umständen. Das Alter ist dabei nicht maßgeblich; viele junge Menschen sind ehrlicher, liebevoller, sensibler und verantwortungsbewußter in einer sexuellen Beziehung als manche Erwachsenen. Jugendliche sind jedoch, da sie gewisse Gefühle und Situationen zum ersten Mal erleben, für Verletzungen besonders empfänglich oder können selbst jemandem Schaden zufügen.

Zu einer Zeit, in der es noch kein Gegenmittel für AIDS gibt, können die Konsequenzen einer verantwortungslosen sexuellen Beziehung tödlich sein.

Lassen wir einmal die moralischen und religiösen Grundsätze beiseite, welche deine Haltung und die deiner Eltern beeinflussen mögen, so ist es unmöglich, eine sexuelle Beziehung von Teenagern zu beurteilen, ohne mehr über die darin verwickelten Menschen zu wissen – ihre Gefühle, den Grad ihrer Reife und Erfahrung, ihre Motivationen, ihre Gesundheit, ihre Lebensweisen.

Eines ist jedoch sicher: Wenn du sexuelle Beziehungen hast, die dich, deine Partnerin oder deinen Partner dem Risiko aussetzen, schwanger zu werden oder AIDS zu bekommen, dann beweist du, daß deine Eltern recht haben. Du bist zu jung und unreif, um Sex zu haben.

Nur zwei Formen von Sex bieten 100 Prozent Sicherheit gegen AIDS und Schwangerschaft:

1. Kein Sex (völlige Enthaltsamkeit) und
2. Sex mit dir selbst (Masturbation).

Der Gebrauch von Kondomen reduziert das Risiko, sich mit AIDS zu infizieren und/oder schwanger zu werden. Aber Sex mit Kondomen, ob anal, oral oder vaginal, ob heterosexuell oder homosexuell, ist kein *„safe“* sex – kein Sex, der sicher ist. Es ist *„safer“* sex – Sex, der sicherer ist. Das AIDS-Risiko existiert trotzdem, genauso wie das Risiko, schwanger zu werden oder jemanden zu schwängern. Bei Kondomen bleibt immer ein Risikofaktor – durch unsachgemäßen Gebrauch, fehlerhafte Herstellung oder wenn sie schon zu lange unachtsam in Taschen herumgetragen wurden.

Teenager haben oft ungeschützten Sex. Das kann passieren, weil der Sex nicht geplant war oder weil das Urteilsvermögen durch Drogen oder Alkohol gedämpft war, oder weil sie denken, ihnen könnte „es“ nicht passieren, oder weil sie meinen, von einem Mal könnte man nicht schwanger werden oder AIDS bekommen.

Die Frage der Sexualität bei Teenagern ist viel zu umfassend, um sie hier in allen Einzelheiten zu behandeln. Die Besorgnis deiner Eltern wird jedoch sein:

1. Moral: „Es ist falsch.“
2. Praktische Erwägungen: „Wir haben Angst, du könntest schwanger werden.“ – „Wir haben Angst, du infizierst dich mit AIDS.“
3. Beschützend: „Wir wollen nicht, daß du verletzt wirst, indem du Erfahrungen machst, für die du noch nicht bereit bist und dabei Schaden erleidest. Laß dir Zeit mit dem Erwachsenwerden.“

Vertrauen, Verantwortung und Kommunikation sind nötig, damit durch die Frage der Sexualität nicht die Beziehung zu deinen Eltern zerstört wird. Gerade die Streitfrage Sexualität ist überlastet mit versteckten Gründen. Versuche diese herauszufinden. Sammle Informationen. Erkenne die besonderen Sorgen und Ängste deiner Eltern. Und auch deine.

Wenn das Thema Sex bei deinen Eltern nicht tabu ist, dann frag sie aus. Sie müssen schließlich *etwas* über Sex wissen. Sie können dir vielleicht tatsächlich gute Ratschläge geben, dir helfen, deine eigenen Gefühle zu bestimmen, oder dir Kondome oder andere Verhütungsmittel besorgen.

Wenn deine Eltern deine Freiheiten einschränken, um dich „rein“ zu halten, setz dich mit ihnen zusammen und sag ihnen, wie sich das Leben so abspielt. Erkläre, daß Sex überall und zu jeder Zeit stattfinden kann. Mach ihnen klar, daß es nichts bringt, wenn du um zehn Uhr zu Hause sein mußt, denn du tust es dann eben um Viertel vor neun Uhr, wenn du es wirklich willst. Mach ihnen klar, daß deine Intelligenz, dein Urteilsvermögen und deine Selbstkontrolle dich nötigenfalls davon abhalten werden, Sex zu haben, nicht aber ihre Verbote.

Das Entdecken deiner Sexualität ist ein Teil der Jugend. Du verdienst die beste Hilfe, die es gibt. Besuche den Sexualkundeunterricht in der Schule, sofern einer angeboten wird. Lies Bücher. Hole dir alle Informationen über AIDS und Geschlechtskrankheiten. Sprich mit Erwachsenen, denen du vertraust. Wenn sie verlegen werden, ist es ihr Problem. Versuche es immer wieder. Du wirst bestimmt jemanden finden, mit dem du reden kannst und dem du vertraust.

Auch mit deinen Freunden wirst du darüber reden. Du wirst entdecken, daß du nicht allein bist und nicht der einzige Mensch, der ungefähr 428mal pro Tag an Sex denkt – oder überhaupt nie. Sei jedoch gewarnt: Deine Freunde (besonders diejenigen, die so tun, als ob sie alles wüßten) sind oft ziemlich ignorant, dumm und unwissend, wenn es um Sex geht. Laß dich nicht täuschen. Geh vorsichtig mit dem um, was sie dir erzählen. Dein Leben und das Leben von anderen steht auf dem Spiel.

Wenn du schwul oder lesbisch bist ...

Mit deiner sexuellen Identität klarzukommen, wird für dich wahrscheinlich schwieriger sein als für heterosexuelle Teenager. Und zwar aus verschiedenen Gründen:

- Du bist dir vielleicht deiner sexuellen Veranlagung nicht sicher oder nicht bereit, sie zu akzeptieren.
- Du meinst vielleicht, daß du deine Gefühle vor deinen Freunden, Eltern, sogar vor dir selbst geheimhalten mußt.
- Du magst gehört haben, Homosexualität sei falsch – eine Sünde, eine Krankheit, pervers.
- Du hast vielleicht selbst schon Vorurteile und Ablehnung aus diesem Grund erfahren oder es bei anderen miterlebt.
- Möglicherweise haben andere dich deshalb bedroht oder sind gewalttätig geworden.

- Deine eigenen Eltern haben vielleicht Dinge gesagt, die dir das Gefühl gaben, sie könnten deine sexuelle Veranlagung nie akzeptieren.

Die Diskriminierung, Furcht, Verwirrung und Einsamkeit, die homosexuelle Jugendliche oft erfahren, machen sie anfälliger für Drogen und Alkoholmißbrauch als ihre heterosexuellen Freunde.

Wenn du schwul oder lesbisch bist, hoffe ich, daß deine Eltern es akzeptieren. Benutze die Ideen aus diesem Buch, um Vertrauen aufzubauen und die Kommunikation mit ihnen aufrechtzuerhalten, so daß du über diese Dinge mit ihnen sprechen kannst. Viele Buchläden (und ganz sicher Schwulen- und Lesbenbuchläden) führen Bücher, die hilfreich sein können. Es gibt auch Bücher für Eltern, deren Kinder homosexuell sind, Bücher, die solchen Jugendlichen helfen, sich ihren Eltern zu offenbaren, Bücher, die die Gefühle und Probleme behandeln, die homosexuelle Jugendliche in ihrem Leben zu bewältigen haben.

Versuche zu verstehen, daß dieses Thema für deine Eltern ebenso schwierig und gefühlsbeladen ist wie für dich. Sie werden deine Sexualität mit ihren Augen sehen, mit ihren Hoffnungen und Erwartungen darauf reagieren. Sie haben ein bestimmtes Bild von sich als Eltern, mit dem sie sich konfrontiert sehen.

Wenn du mit diesen Themen umgehst, ob mit anderen Menschen oder nur mit dir selbst, vergiß ein paar Dinge nicht:

1. An dir ist nichts falsch, sündig oder pervers.
2. Homosexuelle Gefühle und Verhaltensweisen existierten in jeder Gesellschaft seit Anbeginn der Menschheit. Viele große Persönlichkeiten der Geschichte waren homosexuell.
3. Schwule und lesbische Jugendliche sind ebenso in der Lage, ein Leben voller Liebe, Erfolg und Erfüllung zu führen wie heterosexuelle Jugendliche.
4. Du verdienst jede nur mögliche Unterstützung, wenn du dich mit deinen Gefühlen und Problemen als homosexueller Jugendlicher auseinandersetzt. Kannst du mit deinen Eltern oder Freunden darüber sprechen – großartig. Wenn nicht, such dir eine Vertrauensperson. Viele Städte haben auch Gruppen, in denen sich schwule oder lesbische Jugendliche zusammengeschlossen haben. Adressen oder Telefonnummern erfährst du aus Schwulen- oder Lesben-Zeitschriften oder in Gesundheitszentren.

Intimsphäre und Grenzen von außen

„Warum können sie mich nicht einfach in Ruhe lassen?“

Der Streitpunkt: Elterlicher Druck und Erwartungen

Das Problem	**Wie du es siehst**	**Wie deine Eltern es sehen**
Deine Eltern kritisieren an allem herum, was du tust.	„Dann will ich immer nur noch das Gegenteil tun, um es ihnen zu zeigen.“	„Wenn du tätest, worum wir dich bitten, müßten wir nicht dauernd drängen.“
Deine Eltern sind nie zufrieden mit dem, was du tust.	„Ich tu, was ich kann. Sie wollen ein Wunderkind, und das bin ich nicht.“	„Wenn du dich nur mehr anstrengen würdest, könntest du viel mehr leisten.“
Deine Eltern wollen ständig, daß du immer noch besser und klüger wirst.	„Ich kann sie nie zufriedenstellen. Also was soll's? Sie mögen mich einfach nicht so wie ich bin.“	„Wir erwarten von unseren Kindern das Beste.“

Sei ehrlich und frage dich:

- Bist *du* zufrieden mit dem, was du tust und wer du bist?
- Wenn deine Eltern dich nicht drängten, würdest du dann das tun, was sie von dir erwarten?
- Hast du Angst davor, wirklich gut in etwas zu sein?
- Mögen deine Freunde es, wenn du besser bist als sie, oder werden sie neidisch und fühlen sich bedroht?
- Kritisierst du deine Eltern?
- Ist Kritik die einzige Aufmerksamkeit, die deine Eltern dir schenken? Führst du dich nur entsprechend auf, damit sie dich beachten?

Einige Vorschläge:

- Sag deinen Eltern, daß du nicht weißt, was sie meinen, wenn sie von dir „mehr Verantwortung" erwarten oder „eine andere Einstellung". Bring sie dazu, es dir zu erklären. Setze aktives Zuhören ein. Dann weißt du, was genau sie von dir wollen und wie du darauf reagieren sollst.
  Du gibst ihnen vielleicht recht und nimmst dir vor, in der Schule mehr zu leisten. Wenn du ihnen nicht recht gibst, benutze Ich-Botschaften, um ihnen zu erklären, wie du dich fühlst. Laß sie wissen, daß ihr Druck und ihre Erwartungen dich entmutigen oder frustrieren. Mach ihnen klar, wie sehr das eure Beziehung belastet.
- Schlag eine Probezeit vor, in der deine Eltern nicht mehr auf dir herumhacken und dich die Dinge selbst in die Hand nehmen lassen.
- Tu einfach öfter, was sie wollen, dann hören sie auf zu meckern.

Der Streitpunkt: Privatsphäre

Das Problem	Wie du es siehst	Wie deine Eltern es sehen
Deine Eltern haben etwas dagegen, daß du deine Tür abschließt.	„Ich habe ein Recht auf meine Privatsphäre."	„Das ist gefährlich. Was ist, wenn es brennt?"
	„Es ist die einzige Methode, sie draußen zu halten."	„Es ist unser Haus. Wir können darin herumgehen, wo wir wollen."
Deine Eltern öffnen deine Post.	„Sie haben kein Recht dazu!"	„Wir haben ein Recht darauf, alles zu erfahren, was unsere Kinder betrifft."

Das Problem	**Wie du es siehst**	**Wie deine Eltern es sehen**
Deine Eltern hören manchmal deine Telefongespräche mit.	„Wie können sie es wagen!!!“	„Wir wollen nur sicher sein, daß du nicht irgend etwas anstellst.“
Deine Eltern schnüffeln in deinem Zimmer herum.	„Das ist MEIN Zimmer. Dort haben sie nichts zu suchen.“	„Wir spionieren nicht. Wir räumen nur auf.“
Deine Eltern sehen deine Schulsachen durch.	„Warum fragen sie mich nicht einfach, anstatt in meinen Sachen herumzukramen?“	„Wir wollen wissen, was du in der Schule machst.“ „Es ist der einzige Weg, um sicherzugehen, daß du deine Hausaufgaben machst.“
Deine Eltern lesen dein Tagebuch.	„Ich schreibe dort über persönliche Dinge, die sie nichts angehen.“	„Wie sonst sollen wir etwas erfahren? Du erzählst uns ja nie etwas.“

Sei ehrlich und frage dich:

- Herumschnüffeln deutet auf Vertrauensmangel hin. Gibst du deinen Eltern Grund, dir nicht zu vertrauen?
- Bist du sicher, daß sie herumschnüffeln? Oder bildest du dir das nur ein? Ist es möglich, daß sie aus Versehen deine Post geöffnet haben?
- Schließt du deine Eltern aus deinem Leben aus? Ist Herumschnüffeln für sie die einzige Möglichkeit, damit sie erfahren, was vor sich geht?
- Tust du Dinge in deinem Zimmer, in der Schule oder per Telefon, die du nicht tun solltest?

Einige Vorschläge:

- Gibt es versteckte Gründe? Sind deine Eltern besorgt, daß du hinter verschlossenen Türen Drogen nehmen oder Sex haben könn-

test? Fühlen sie sich aus deinem Leben ausgeschlossen? Vertrauen sie deinen Freunden nicht?

- Wenn sie etwas gegen verschlossene Türen haben, wie wäre es, wenn sie einen Schlüssel für Notfälle hätten? Sei damit einverstanden, die Tür nicht zu verschließen, wenn sie bereit sind zu klopfen (und auf eine Antwort zu warten), bevor sie eintreten.
- Wenn sie deine Post öffnen, sieh zu, daß du die Post aus dem Briefkasten holst. Wie wäre es mit einem Postschließfach? Oder laß dir gewisse Briefe an einen Freund oder eine Freundin schicken.
- Wenn sie deine Telefongespräche mithören, erkläre ihnen, wie du ihren Vertrauensbruch empfindest. Schau notfalls nach, ob jemand mithört.
- Wenn sie ständig dein Zimmer betreten, erkläre ihnen, was dich daran stört. Wenn sie sagen, daß sie „nur aufräumen", biete ihnen an, diese Sachen selbst zu erledigen.
- Wenn sie in deinen Schulsachen herumspionieren, komm ihnen zuvor. Zeige ihnen von Zeit zu Zeit, was du in der Schule machst. Bitte sie, sich bei deinen Lehrern zu erkundigen. Zeige ihnen, daß du nichts zu verstecken hast.
- Wenn sie in deinem Tagebuch schnüffeln, suche auch bei dir nach versteckten Gründen. Könnte es sein, daß du insgeheim möchtest, daß sie bestimmte Dinge erfahren? Sei ehrlich mit dir. Hinterläßt du dein Tagebuch, wo es zum Lesen geradezu einlädt? Finde ein besseres Versteck. Wenn du es wirklich willst, werden deine Eltern es nie finden.
- Sei dir darüber klar, daß Herumschnüffeln bedeutet: „Wir versuchen, etwas über dich herauszufinden. Du sagst uns nie etwas. Wir sind nicht sicher, ob wir dir vertrauen können." Finde heraus, was zu diesem Vertrauensschwund geführt hat und warum sie so mißtrauisch sind. Bau dieses Mißtrauen ab.
- Erzähle deinen Eltern genug über dich, deine Gedanken und Gefühle, daß sie das Gefühl haben, dich zu kennen. Es muß ihnen klar werden, daß ihr unmöglich eine gute Beziehung haben könnt, wenn sie so wenig Respekt gegenüber deiner Privatsphäre zeigen. Benutze dazu Ich-Botschaften.

Der Streitpunkt: Schlafenszeiten und Sperrstunden

Das Problem	**Wie du es siehst**	**Wie deine Eltern es sehen**
Du darfst nicht so lange aufbleiben oder weggehen, wie du möchtest.	„Ich sollte so lange aufbleiben dürfen, wie ich will.“ „Ich kann so bald nicht einschlafen.“ „Ich bin ein Nachtmensch.“ „Ich möchte länger wegbleiben dürfen.“ „Das ist ungerecht. Alle meine Freunde dürfen so lange wegbleiben, wie sie wollen.“	„Kinder brauchen Schlaf. Du kannst sonst in der Schule nicht aufpassen.“ „Wir wollen auch mal unsere Ruhe haben.“ „Du machst nachts zu viel Lärm.“ „Du bist zu jung, um so lang wegzubleiben.“ „Wir können nicht schlafen, solange du nicht zu Hause bist.“ „Nur weil ihre Eltern das erlauben, müssen wir das noch lange nicht tun.“

Sei ehrlich und frage dich:

- Bist du oft müde? Schläfst du während des Tages ein?
- Ist deine Bettzeit für jemanden deines Alters vernünftig (selbst wenn dir es nicht paßt)?
- Kommst du pünktlich nach Hause, wenn du abends fort bist?
- Natürlich möchtest du gern länger wegbleiben. Aber ist es deinen Eltern gegenüber fair, daß sie dich nachts so oft irgendwo abholen müssen?

Einige Vorschläge:

- Schlage eine Probezeit vor und finde heraus, ob eine spätere Schlafenszeit deine Energie und schulische Leistungen beeinträchtigen.

- Schließe einen Kompromiß. Du kannst so lange aufbleiben, wie du willst, aber du mußt ab einer bestimmten Zeit in deinem Zimmer bleiben.
- Suche nach versteckten Gründen. Vielleicht darfst du deshalb nicht länger wegbleiben, weil deine Eltern dir oder deinen Freunden nicht trauen und Angst haben, daß du trinkst oder Drogen nimmst.
- Sprich mit deinen Eltern über ihre Sorgen. Benutze das aktive Zuhören. Lassen sie dich länger wegbleiben, wenn sie genau wissen, wo du bist, oder wenn du bei Freunden zu Hause bist?

Der Streitpunkt: Hausaufgaben

Das Problem	**Wie du es siehst**	**Wie deine Eltern es sehen**
Deine Eltern drängen dich ständig, deine Hausaufgaben zu machen.	„Ich wünschte, sie würden mich endlich in Ruhe lassen. Es ist meine Sache.“	„Von allein erledigst du sie ja doch nicht.“
Deine Eltern zwingen dich zu lernen.	„Ich kann nicht lernen, wenn ich nicht in der Stimmung dazu bin.“	„Wenn du genügend Selbstdisziplin hättest, müßten wir dich nicht zwingen.“
Deine Eltern bestehen darauf, deine Arbeiten zu sehen.	„Es sind meine Arbeiten, und die gehen nur mich etwas an.“	„Wir wollen wissen, was du in der Schule machst.“
Deine Eltern wollen, daß du bessere Noten schreibst.	„Die Schule langweilt mich.“	„Wenn du keine guten Noten hast, kannst du auch keinen guten Beruf ergreifen. Es ist der Weg zum Erfolg.“
Deine Eltern verknüpfen gewisse Freiheiten mit den Noten.	„Am liebsten würde ich absichtlich schlechte Noten schreiben, nur um es ihnen heimzuzahlen.“	„Wir wollen dich ja nicht bestrafen, aber was können wir sonst tun?“

Sei ehrlich und frage dich:

- Warum drängen dich deine Eltern zu den Hausaufgaben?
- Bist du schlecht in der Schule?
- Bist du faul? Gelangweilt? Hast du den Anschluß verpaßt?
- Willst du deinen Eltern irgendwas heimzahlen, wenn du deine Hausaufgaben nicht machst?
- Gibst du dir nicht mehr Mühe, weil du Angst hast, daß du es sowieso nicht schaffst?

Einige Vorschläge:

- Wenn du in der Schule gut bist, haben deine Eltern keinen Grund, dich zu nerven. (Wenn du in der Schule nicht gut bist, wird ihre Nerverei wahrscheinlich auch nichts nützen.)
- Wenn sie dich zwingen, deine Hausaufgaben zu machen und zu lernen, wirst du nie lernen, Selbstdisziplin zu entwickeln. Eltern sollten ihre Kinder dazu ermutigen, ihre Schulprobleme selbst in den Griff zu bekommen.
- Wenn du in der Schule schlecht bist, finde heraus, warum:
  - Brauchst du einen ruhigeren Platz zum Lernen?
  - Brauchst du Nachhilfe?
  - Hast du ein Problem mit einem bestimmten Lehrer?
  - Würde es helfen, wenn du die Klasse wechselst oder zumindest den Platz?
  - Könntest du zusammen mit einem Freund oder einer Freundin besser lernen?
  - Geht es dir gesundheitlich gut? Kannst du gut sehen?
- Mach deinen Eltern eigene Vorschläge, wie du mit dem Problem umgehen oder deine Leistungen verbessern willst.
- Schlechte Schulleistungen ziehen logische Konsequenzen nach sich. Du mußt möglicherweise eine Klasse wiederholen. Deine außerschulischen Aktivitäten werden eingeschränkt. Mach deinen Eltern klar, daß die „wirkliche Welt" dich schon genug bestraft.
- Schlage eine Probezeit vor, in der deine Eltern aufhören, dich zu drängen, und versuche selbst, dich zu verbessern.
- Überlege, ob du nicht besser die Schule wechselst. Diskutiere die Angelegenheit mit deinen Eltern. Zeige ihnen, daß du motiviert

bist. Vielleicht bist du kein Problem-Kind, sondern gehst nur auf eine Problem-Schule.

- Erkläre deinen Eltern, was ihr ständiges Drängen bei dir auslöst. Vielleicht erkennen sie dann, wieviel angenehmer eure Beziehung sein könnte, wenn die Schule eine Sache zwischen dir und deinen Lehrern bleibt.
- Sprich mit den Lehrern. Lehrer schätzen Eigeninitiative.
- Eltern sehen Noten als Weg zum Erfolg (oder Mißerfolg). Sie machen sich sicher weniger Sorgen, wenn sie sehen, daß du motiviert, ehrgeizig und produktiv bist. Entwickle Talente und Interessen, die nichts mit der Schule zu tun haben. Das kann auch ein „Weg zum Erfolg“ sein.

Der Streitpunkt: Die Einstellung

Das Problem	Wie du es siehst	Wie deine Eltern es sehen
Faulheit. Unfreundlichkeit. Respektlosigkeit. Unehrlichkeit. Verantwortungslosigkeit. Und so weiter …	„Ich mag ihre Einstellung auch nicht.“	„Es geht nicht darum, was du tust, es ist deine Einstellung.“

Sei ehrlich und frage dich:

- Unabhängig von den Gründen für deine Einstellung und wie du dich benimmst, haben deine Eltern recht mit ihren Vorwürfen?
- Bist du oft wütend? Unausstehlich? Warum?

Einige Vorschläge:

Streitigkeiten bezüglich der Einstellung haben grundsätzlich zwei Ursachen:

1. Probleme im Stil des Umgangs miteinander.
2. Probleme in der Beziehung.

Wenn es um Stilfragen geht:

- Vermeide es, deine Eltern zurückzuweisen oder ihnen zu drohen.
- Formuliere deine Gedanken und Gefühle so, daß sie nicht als Respektlosigkeit oder „negative Einstellung“ aufgefaßt werden können.
- Benutze Ich-Botschaften. Höre aktiv zu.
- Bleib deinen Eltern vom Leibe, wenn du schlechte Laune hast.
- Mach dir klar, welches Verhalten genau deine Eltern an dir nicht mögen. Geh diese Streitpunkte direkt an. Legen deine Eltern dein Verhalten falsch aus? Nehmen sie an, daß du dich absichtlich „schlecht benimmst“, und du merkst es gar nicht? Bitte sie, „gutes Verhalten“ zu definieren, und bemühe dich darum.

Wenn es um Probleme in der Beziehung geht:

- Bau wieder Vertrauen zwischen euch auf.
- Benutze die Tricks und Tips in Kapitel 3, damit sich deine Eltern besser fühlen.
- Sammle Informationen. Suche nach versteckten Gründen.
- Werde dir über die Gefühle deiner Eltern klar. Fühlen sie sich abgelehnt oder ungeliebt?

Lies das zum Schluß!

Wenn du diesen Teil nicht zum Schluß liest, ist es kein Wunder, daß deine Eltern immer sagen: „Du tust nie, was wir dir sagen!“

Aber nachdem du nun schon mal dabei bist, kannst du genauso gut lesen, was ich dir noch sagen möchte.

Inzwischen hattest du die Gelegenheit, mit den vielen Ideen dieses Buches vertraut zu werden. Und wenn es dir tatsächlich ernst damit ist, deine Eltern zu besseren Eltern zu erziehen, wird dieses Buch dir helfen. Ich hoffe und erwarte, daß sich positive Veränderungen einstellen, sobald du diese Ideen in die Praxis umsetzt: weniger Kämpfe, weniger Tränen, mehr Vertrauen, Freiheiten und Liebe. Deine Eltern sind sicher genauso bemüht, die Beziehungen in der Familie zu verbessern, aber bis jetzt wußten sie einfach nicht, wie sie es anstellen sollen. Wenn du ihnen zeigst, wie es geht, machen sie es dir nach.

Aber egal, wie gut die Dinge laufen, es wird immer einen Tag geben, an dem anscheinend wieder alles schiefgeht und jeder in seine alten Gewohnheiten zurückfällt. Wenn das passiert, laß dich nicht entmutigen. Es braucht eben seine Zeit, mit alten Gewohnheiten zu brechen.

Sei geduldig. Erwarte nicht, daß du gleich zu Anfang hundert Punkte erreichst. Im Augenblick stehst du vielleicht gerade bei zwanzig, und wenn du deine Punktzahl auf vierzig erhöhst, hast du deinen Erfolg bereits verdoppelt! Solange du und deine Eltern überhaupt noch Punkte sammeln, habt ihr gute Chancen. Nur nicht aufgeben!

Ein letzter Gedanke: So wie Eltern eben sind, wird es immer wieder Zeiten geben, in denen sie sich unreif oder unfair verhalten – egal, wie sehr du dich anstrengst und wie vernünftig du auch bist.

Wenn das passiert, kannst du dich nur damit trösten, daß sie aus diesem Stadium herauswachsen werden. Schließlich ist es nur eine Phase, die sie gerade durchmachen.

Über den Autor

Über Alex Packer weiß man nur sehr wenig. Seine früheren Studenten beschreiben ihn als „sehr gescheit", „verrückt" und „irgendwie nett". Seine früheren Lehrer sind für Kommentare nicht verfügbar. Privatdetektive, die der Verlag engagiert hat, konnten jedoch folgendes herausfinden: Der Autor hat das Harvard College besucht, wo er im Hauptfach „Gesellschaftliches Leben" und „Late Night Snacks" studierte. Er hat den Magister in Erziehungswissenschaften an der Harvard Graduate School of Education abgelegt und am Boston College seinen Doktor in Erziehungs- und Entwicklungspsychologie gemacht. Informanten aus der Unterwelt haben dem Verleger berichtet, daß Alex Packer Direktor einer Alternativschule für 11 bis 15jährige war, danach „Director of Education" (das ist eine Art Museumspädagoge) am Capital Children's Museum (ein Kindermuseum) und – im großen und ganzen – ein ziemlich netter Kerl.

Aus zuverlässigen Quellen wird berichtet, daß Dr. Packer ultraleichte Flugzeuge fliegt, einige Monate im Jahr in Frankreich verbringt, einen vierundzwanzig Jahre alten Sportwagen fährt und als Lehrer, Autor und Psychologe arbeitet.

Als er gebeten wurde, ein Foto von sich abzugeben, lehnte Dr. Packer das mit folgender Bemerkung ab: „Was!?! Damit ich nie mehr essen gehen kann, ohne daß Horden von mich bewundernden Teenagern meinen Tisch belagern, weil sie ein Autogramm von mir wollen?"